TODA VIDA

ANGELA MELIM

Toda vida

Poesia reunida

Copyright © 2024 by Angela Melim

Grafia atualizada segundo o Acordo Ortográfico da Língua Portuguesa de 1990, que entrou em vigor no Brasil em 2009.

Capa
Elisa von Randow

Imagem de capa
Agrado, de Ana Prata, 2021. Óleo e acrílica sobre linho, 30 × 24 cm.
Reprodução de Ding Musa

Preparação
Márcia Copola

Revisão
Angela das Neves
Jane Pessoa

Dados Internacionais de Catalogação na Publicação (CIP)
(Câmara Brasileira do Livro, SP, Brasil)

Melim, Angela
    Toda vida : Poesia reunida / Angela Melim. —
1ª ed. — São Paulo : Companhia das Letras, 2024.

    ISBN 978-85-359-3713-8

    1. Poesia brasileira I. Título.

24-205008   CDD-B869.1

Índice para catálogo sistemático:
1. Poesia : Literatura brasileira   B869.1

Cibele Maria Dias – Bibliotecária – CRB-8/9427

Todos os direitos desta edição reservados à
EDITORA SCHWARCZ S.A.
Rua Bandeira Paulista, 702, cj. 32
04532-002 — São Paulo — SP
Telefone: (11) 3707-3500
www.companhiadasletras.com.br
www.blogdacompanhia.com.br
facebook.com/companhiadasletras
instagram.com/companhiadasletras
x.com/cialetras

Sumário

O vidro o nome (1974), 7
Das tripas coração (1978), 31
As mulheres gostam muito (1979), 111
Vale o escrito (1981), 123
Os caminhos do Conhecer (1981), 135
O outro retrato (1982), 151
Fogos juninos (1984), 171
Poemas (1987), 175
Mais dia menos dia (1996), 187
Possibilidades (2006), 211
Poemas inéditos, 267

FORTUNA CRÍTICA
Improviso para Angela — Armando Freitas Filho, 303
Riocorrente, depois de Eva e Adão —
Ana Cristina Cesar, 304
"*Treze anos depois...*" — Ivan Junqueira, 317
Mão de mulher — Armando Freitas Filho, 320
Angela Melim e a dramatização do horizonte —
Flora Süssekind, 323
Uma poesia gestual — Leonardo Fróes, 329

Índice de títulos e primeiros versos, 333

O vidro o nome
(1974)

Para Ivan

Dás cor aos fantasmas
dos dementes e mentes
se falas só de amor.

Tremem antenas
nas noites luaradas
como violas gemem.

O ar vento parado
lento acalanta o luto preto
da melancolia

do teu olho gigante,
ó noite,
a lua.

A fresta atesta
a aresta documenta
o vão no tempo
entre nós dois.
Sobra espaço
entre o meu e o teu passo.

Poema romântico I

Às vezes sinto só a saudade
dos seus poucos carinhos
aquecidos na luz amarela
da tarde e das xícaras de chá
outras lembro o abandono
da paisagem da janela onde
o sol morria à sua espera
sem lhe ver.

Demolição

I

Vendo samambaias com varanda
varanda com vista para baía
passarinho
pia no jardim
barro e chão
ferrugem e portão

tábua corrida polida
(madeira para construção).

II

    (Em lugar de pardais Pequim tem patos.)
Por meio palmo de asfalto
terra contida em concreto
jardins por terra
Berlim fim de guerra.

III

Colecionador particular procura
   musgo
   visgo
   bosta de cavalo
   taco de laje carcomida
   parasita
   barba-de-bode
   orelha-de-pau
   avenca
   samambaia
(de qualquer tipo ou qualidade)
   mato de pedra de calçada
   e cal manchada de muro apodrecido.

Propõe em troca
grande planta industrial.

IV

Bois e vacas nos ladrilhos
azuis se misturam
a brancas deusas mutiladas sobre a grama
Pastam repuxos e pastores
cabras tocam flautas
e o caos reúne a porcelana em cacos.
O vento sopra longe alegre o som.

V

Cortaram os verdes cabelos
do alpendre avarandado
que torciam balaústres
e teciam eirados
cascata que escorria
de balcões e sacadas.
Nuas as grades do terraço
medem espaços da área de serviço.

Telegrama

Rima em gramas grafo
teleamor sem fio faço

abre corta risca rabisca ondula desenrola
estradas prados corpos rios veias ideias

carretéis de ideias

Jundu

Enfiada
no jundu
emaranhado.
Devagar os galhos
desenlaçam-se.
Nós
embrulhada
nos cipós.
Lerda corto
as cordas e os laços.
Abro clareiras
varo o mato.
Labirinto.
Mas o jundu vai dar no mar aberto
traidor atraente
contém o infinito.

Curvo cupim
em gomos come
podre baú sem tampa
forro pálido de flores
frangalhos de renda
embaçam a sacada
sobre palha seca e terra
sépia.

A pesar
apesar dos desencontros
minha figura
em tua alma
destroços de amor
ido
redivivo
embora morto.

Happening

Cavaletes de pau entre ratos
nosso A como a obra público
prostituta até a trave
pernas prudentes abertas pela metade
Salvaste o teu dos escombros e sombras
o meu ficou sobre as pedras com vergonha
— firmes pés sem sonhos
na terra plantados e alheios
lúcido bloco sólido
apenas devassável
por calcanhar porém claraboia —

esse A que carregas, Armando, como pesa
esse escuro, cuidado, onde pisas, olha os pregos...

Haikai — balada

Ar ensopado de água
Mágoa no coração
Chuva pesada que não cai no chão.

Calma de sol fino
manhã montanha brilho pingo
coração sorrindo.

Miguel cineasta
projeta na testa
correta a festa
que faz com os olhos
cavados guardados
por sobrancelhas grossas

Miguel carinhoso
e desorganizado
pergunta calado
ou com a boca doce
como se fosse
botar o mundo no bolso.

Lançar a inconsistência
de artista sem pressa
com medo de errar.

No vento voar depressa
as asas de ânsia
antes de afundar.

Esculpir de tantos
prenúncios.
Formas a usar.

Ao Bruno

Eis mais convés molhados
estrelas cegas
que espiem despedidas
submersas à deriva
constelando lusco-fusco e eternidade.

Cantares deste contratempo
era de polos falsos
azuis profundos versus altos mares.

Nossa geração:
seu ouvido de piscina
indiferente
ao surdo baque
suicida
a água muda.

Cítara

Fala com teus azuis
rasgados
grandes paisagens
claras
onde cabem palmas
tamareiras
e véus
misteriosas almas
presos por pulseiras
de ouro e prata.

Destas paisagens
vastas
guizos e feitiços
que cativam
quem por elas passa,
fala,

teus dois olhos azuis
recortam mapas
em dois pedaços
céu e oceano.

Das tripas coração
(1978)

Para meus pais

Coisas assim pardas

Para Helena
Veronica
Eduardo
Ronaldo

Coisas assim pardas

Para Eduardo

Canário-da-terra, marreco, chinfrim
coisas assim, nomes — Rita
coisas assim pardas, mestiças
de pequeno porte
coisas de fibra
embora os jeitos desvalidos
coisas pardas vivas
pulsantes
um poema assim.

Roteiro

— Fica logo ali, sim senhor. Não tem um posto (de gasolina, coberto de carreiras de bandeirolas, cada uma de uma cor, das que antigamente festejavam São João; maltratadas pelos ventos de algumas só restam rolos de fiapos balançando no barbante. O pátio é calçado com retalhos de cerâmica de todo tipo e formato entremeado de cimento, sobra de construção por perto. Por cima das bombas grandes cartazes descorados anunciam marcas de óleo lubrificante e gasolina. A chuva rasgou a figura de uma jovem mulher loura e alegre e arrancou-lhe uns dentes. O prédio em que funciona o escritório é um quadrado caiado. Pelas paredes externas escorrem largas manchas pretas do telhado ao chão. As de dentro são forradas de ladrilho sujo até à altura dos olhos. Acima disso são desigualmente pintadas de azul forte. Nesta parte mais mole pregos e percevejos de tamanhos diferentes penduram notas fiscais, folhinhas, retratos de mulheres nuas, imagens de santos e propaganda, desordenadamente. Aranhas e outros insetos tecem teias e casulos pegados aos cantos e ao teto sem forro. Uma viga central ampara telhas puídas e suspende um fio elétrico que termina em lâmpada, de luz fraca, ainda assim cercada de mariposas. A sala não tem janela, mas vidraça basculante fosca embaçada de tinta seca, com a alavanca emperrada. Muitos rombos nas paredes internas, como nas externas, mostram trechos de tijolo, pontas de fio bifurcadas, ou de arame, válvulas, torneiras e encanamento. Uma escrivaninha de madeira com duas gavetas, cadeiras de ferro forradas de plástico, e onde se desfez a costura, tufos de estofo de fibra amarelada. Latas e caixotes de produtos. Um dentro do outro copos de vidro grosso ao lado da moringa. Sobre um pedaço de bandeja melado de café a garrafa térmica sem tampa e moscas. Saindo do escritório à direita por cima do batente de uma porta baixa aberta lê-se em letras pretas tortas WC. No fundo do cubículo, em posição diagonal, a latrina de louça e no piso molhado uma pasta de papel usado e detrito. À esquerda, outra porta pouco maior, um tanque fundo, pneumáticos e câmaras murchas. Logo adiante latas velhas, bocados de borracha queimada e lixo. Encostada ao muro, uma bicicleta enferrujada. No centro do selim franjado o emblema do Cruzeiro Futebol Clube protegido por uma capa de oleado transparente.) à direita? Segue até à pedreira (extensa área desmatada, seiscentos e vinte e nove mil e duzentos metros quadrados aproximadamente. Dentro da fumaça de motores a diesel em funcionamento pá e escavadeira cortam no morro novos contornos.), passa a ponte (viaduto de asfalto ladeado de estacas de concreto e dividido ao meio por uma faixa branca segmentada riscada no chão que ora circunda montanhas desprovidas de cume e cobertura vegetal ora ladeia ribeiros secos por onde trafegam tratores, guindastes, caminhões, cones de terra escura e blocos retangulares de pedra, levantando pó.), a igreja (capela antiga escorada por tábuas de pinho onde o reboco cede e o madeirame apodrece. Sobre o altar a toalha de renda bordada a tesoura, de páginas de revista. No teto voam ainda por baixo de uma rala mão de cal uns esboços de anjos gordos. No topo a cruz de pau.); quando chegar ao bar dos motoristas (balcão de fórmica copiando mármore, vitrina engordurada com tabuleiro de pastel de carne e palmito e prateleira de sacos plásticos contendo bolacha-d'água. Sai PF prato feito fundo: arroz, feijão, macarrão, ensopadinho e tomate. No fogo dois bules imensos de café, cortesia da casa.), vira à esquerda e vai reto. Uns vinte minutos. O senhor compreendeu? Não tem um posto à direita? Segue até à pedreira, passa a ponte, a igreja; quando chegar ao bar dos motoristas, vira à esquerda e vai reto. Se errar não tem nada. O Brasil é grande, mas é igual por toda parte.

À beira

Como
planam
os urubus na bruma

entre pedaços de parede que a mesma pedra alta
                    [deixa ver ao fundo

e a grama

cercada de canteiros pobres
de flores pobres
em que essa mulher pequena sem idade
em que essa mulher de pano na cabeça
fincou bambus varais de panos pobres
verde-abacate e descor de abóbora

também
à beira da cidade
o fumo

a fábrica de têxteis ou sabões fabrica e complica
o sol que se põe mais vermelho e talvez mais bonito.

Minuto de relógio exato — conluio — nalgum ponto
um avental impuro abate um boi.

Tom agudo

> *diamante caído*
> *em lagos de neve*
> Cecília Meireles

De outro poeta
o horizonte azul e verde
— longas faixas de cor, estreitas —

e desta tarde
o fundo: nuvem
branca de furar os olhos.

Assim composta paisagem
abre poros.
Duro ar de montanha, luz imensa

rasgando céus depois da chuva.
Faca que talha carnes
em fatias finíssimas.

Sub-urb

O pai dizia ao menino que se calasse porque homem não chora. A irmã mais velha dizia à mais jovem que menina bonita não grita. O pai mandava o menino à escola porque sem estudo a sorte de ninguém melhora. A irmã mais nova não devia fazer malcriação. Homem direito tem que sustentar a família e mulher estuda se pode, se não pode, se casa. A mãe servia o café na cozinha. A senhora comentava que o marido da vizinha deixara a família e que a moça casada que morava em frente trabalhava fora.

O adolescente aprende inglês e faz curso para programar computador. Emprega-se das oito às cinco, das seis às dez e, aos sábados, de oito ao meio-dia. Compra automóvel para chegar mais depressa ao centro da cidade. A casa é barata porque é pequena e fica no subúrbio. Quando chega em casa e mete a chave na porta o bebê berra. A mãe acorda e grita do quarto: cala a boca, que homem não chora.

s/a

expediente ltda. s/a máquina de calcular Olivetti Lexicon 80 Burroughs computa vidros Marina ray-ban frisa metal visão sobre Centro 300 m²: 8356 janelas persianas venezianas índice apêndices concretos ou buracos equivalentes aparelhos ar-condicionado Philco Brastemp etc.: 2/3

controle de clima frio e ar renovado frio para noite frio máximo cafezinho telegrama telex Embratel ord. LT urgente STOP parede estofamento tapete verde mapa do Brasil Amazônia verde! de 8.00 a.m. a 2.30 p.m. 31 cigarros Continental Hollywood Capri Rio de Janeiro, 13 de setembro de 1974 Dear Sirs: ponto.

Porta pantográfica CUIDADO ascensorista botão seletor luz emergência ventilador

40°C 95 decibéis 55,68 grs. de partículas sedimentáveis por m² (média no mês)

Período 5/12 Base Valor — Horas Normal — Desc. — Total — Horistas/Mensal. Valor Normal 225 000 Extra Horas Valor — Diversos Cód. — Valor — Total 225 000 INPS 18 000 I/R 3758 Diversos Cód. — Valor 2250 Adiantamento — Salário-Família Nº Dep. —

Valor — Arredondamento Anter. 00 Atual 92 Líquido a Receber 200 900 Nome Mário da Conceição Medeiros

aluguel Cedag Sursam 600 30 17 200 900 − 647 = 136 200 supermercado Light Credicard 136 200 − 220 24 80 = 103 800 nutribaby creche 103 800 − 250 = 78 800

78 800! Cr$ 788,00!? Riotur Embratur Excurtur excursão casal transporte 1ª categoria estadia motel de 1ª refeições incluídas sauna piscina grill drive-in bar nightclub playground ar-condicionado apenas Cr$ 600,00

— Matilde, Matilde, feliz Natal!

Matilde sorri no espelho, Edlitam.

Mania de limpeza

Raspa de limão
cheira seco;
assim
a lua limpa
alto relevo
que a letra afixa
no papel novo.

Cica

Com sal
ou com limão
fazem-se versos
precisos.
Arde
a ferida
e cura.

Cica,
pensando em João Cabral

```
   s  z s  d
À   e e  e e
    v    v r


s m      s g m
 e  e   ai a e
  pr  p


       nj
a  a a  a.
   l r
```

Poema claro

Janela aberta
a arejar o meio-dia.

Janela aberta
ao meio-dia.

Janela aberta.

Janela.

As crianças do Planalto

Para Canarinho

— Zé Galinha? Como é que vai, meu irmão? Tudo legal aí? As coisas já pintaram? Careta? Porra, xará, aqui tá uma merda. Bosta de férias, meu. Eu naquelas de me intoxicar e faz uma porrada de tempo que não pego bagulho. Foda. Quando pinta é misturado. Nego anda passando mate. Leva cinquentão num baseado e meio. Situação entorpecente. Se a gente não descola receita, o papo é birita. Tu precisava ver no meu aniversário: neguinho no chão mordendo o tapete de bêbado. É, maninho, dezessete aninhos... Tu não sabe da maior, meu irmão. O que a barra pesou! O Fernando encheu a mulher de porrada. Ela dedurou na depê. Foi um tal de sumir com gilete e finório. Afinal pintou peême, o coração de mãe entupido de maluco que o Fernando nem cabia. Aí, meu, os homem abriram o portão e tome cassetete, daquele que dá choque na ponta, morou? Abriu aquele espação e lá foi o Fernando lá dentro. E motoqueiro de montão de escolta, atrás do camburão. Maior barato, cara. Outro que dançou foi o Pantera. Queimou a mina de gente fina. Nego ficou puto, sujou ele. Aquilo é safado. Gatão, pô. Gatão. Passou a mão numa prancha de surf da loja. Tu já viu? Prancha de dois metros, meu! Me deu um bobo em troca de uma trouxa — bateu um dia e parou. Alta crocodilagem. Tu já notou? Não tem mais maluco de bobo. Todo mundo na rua dá hora de graça: no primeiro aperto lá vai o bobo do maluco. Foi malandro de morro que começou essa transa. Se amarram num bobo. Ontem, cara, subindo o São Carlos pra descolar uma presença, o xará do táxi sacou sem outra: que boca cês vão? Tu viu dessa? Fiquei de cu na mão. O pessoalzinho anda levando um papo de crioulo, é infração, infração, tudo dobrou. Por uma fileirinha de brizola tu dá os culhões. Acê então nem se fala. E eu duro que nem pau. Quem me salva é a puta da Socorro. Se amarra em afanar nota do irmão pra mim. O babaca trabalha num banco. A troco do quê? De peru, pô. Não vou rejeitar, né? Cafetão é o cacete! Tem dois anos que estamos nessa com ela. A Socorro é mesmo um help. Amanhã vou chegar pra Terê com o presente dela pro Carnaval. Aquilo lá, meu, é o barato total. Só dá maluco, meu irmão. Se tu leva uns mands então, tu se dá bem. Faz uma graninha maneira. Tem sempre uns filhinhos de papai de carango atrás de umas. São fera, cara. Correm de joaninha, de sarsa. Limpeza. Tu anda mandricão, ninguém te sacaneia. Chocante, xará. Tem ferinha de doze, treze anos, de fuquinha, descolando a bola. Arrumei uma receita fria, o Haroldi vende a dez nota cada, e já vou curtindo uma no busô. Estou a fim de chegar que já deu no saco encostar a carcaça em fuca de porta de lanchonete toda madruga. Vai os vagabundo todo do deéfe que anda aprontando por aqui. O Mamão, sabe quem é? Um que normal parece que engoliu cinco dracs. Irmão do da kombi, que morreu.

É. Que capotou correndo com os homem. Tá lembrado? O Curió, da trezentos e oito. As vacas do lago, as três. Tá sabendo? Vamos nessa, tu vai desbundar. Vamos? Não vai dar? Não entra numas, pô... Pô. Falou. Então a gente se vê no deéfe. Sinto uma falta fodida daquele paraíso. Só não me pico já pra lá porque vai pintar um cara com umas carteira quente pra passar. Puta! O que eu aprendi naquela cidade! Correr dos cana, variar apronto. Lembra o Patinha abrindo os carango do estacionamento e dizendo "se vira" pra moçada? Muito doido aquele cara. E a gente espirrando extintor de incêndio nas bicha? Que barato, hem, meu irmão? E na quarta, os gente fina cagando nas calça? Nesse dia larguei minha velha na depê e fugi catando o pai do Dengo, que é capitão, pra livrar nossas caretas. É, meu. A transa dos tiro no vidro. Aquele apronto de afanar pneu pra revender no núcleo. Você perdeu essa? Quem é que tava junto? Ah, o Louro. E pra aumentar a cagada, cheio de coisa em cima. Ele pirou, sabia? Porra, malandro, não sei que diabo dá naqueles bicho de lá. Só querem saber de aprontar. É da nossa idade, é ferinha criança, é marmanjo. Será que é porque tu anda por ali, tudo vazião, nada pra fazer? Tu não conhece ninguém desde pequeno, tá sempre tendo que se garantir, que levar a melhor. Nem sei, cara. Mas que é uma loucura, é. E tudo vagabundo igual: os bicho do bandeirantes, da asa sul, os filhote de gente fina. Esporrante, hem, cara? Assim que transar essa, tô de volta. Saudade, sacou? É isso aí, xará. Falou. Falou, Zé Galinha. Tchau, meu irmão. Juízo, hem!

De relíquia

— Homem trabalhador, coitado. De empenho, calça bota e sai. Anda bem. Eu não, que estou velho pra trepar morro. O senhor sabe. Tive uma terrinha boa. Vendi. Toda vida trabalhei. A gente cansa. Ali para aqueles lados, uns altos. Pegava numa carreira de pinheirinho que nem essa, descia num fundo de grota, tornava a subir, ia embora. Tinha ainda uma virada com duas águas. E lugar importante de fazer casa. Não era roçado limpo como esse que o senhor está vendo. Seis anos que ninguém tocava. Eu com a idade. As meninas casadas. E só um filho só que não quis saber de roça. Quer dizer. O pasto está formado. Mas com tempo virou capoeira. Os caminhos acabaram. Tinha um mato grande sem mexer. Árvore que dois homens não abraçam. O delegado aí de baixo cobiçava comprar pra módi de fazer carvão. Antes de sair negócio levou tiro. Por causa de andar metido com uma dona dos outros. Achei graça do homem do Rio que comprou aquilo. Disse que mais valia salvar o capão de mato que o delegado. Está certo. A planta crescer é bonito de a gente ver. Para ponte, construção, a gente tira madeira. Mas deve de semear de novo. Assim sempre tem. Faz gosto saber que o comprador meu quer o terreno é de relíquia.

Quando digo que é errado cortar pau para carvão, o nosso pessoal daqui não dá valor. Faz caçoada: "o senhor pagando não corto; o mato é meu".

Revisita

> *Tudo vem de não tratarem do que há*
> *de cá ficar, senão do que hão de levar...*
> Frei Vicente do Salvador, 1627

Cresce a flor vermelha no cerrado. Este sol americano à volta dela retorce rama, cresta capinheira e deixa na areia manchas pretas.
As minas secas.

(Tu não verás, Marília, cem cativos
tirarem o cascalho e a rica terra,
ou dos cercos dos rios caudalosos,
ou da minada serra.

Não verás separar ao hábil negro
do pesado esmeril a grossa areia,
e já brilharem os granetes de ouro
no fundo da bateia.

Não verás derrubar os virgens matos,
queimar as capoeiras inda novas,
servir de adubo à terra a fértil cinza,
lançar os grãos na cova.

Não verás enrolar negros pacotes
das secas folhas do cheiroso fumo;

nem espremer entre as dentadas rodas
da doce cana o sumo.

                      Gonzaga, 1792)

A terra é uma mulher de pernas abertas e peitos rasgados.
Alta velocidade. Buraco de mato queimado e uma placa plantada do lado direito da estrada. Use o cinzeiro do seu carro.

(Não vês nas tuas margens o sombrio,
Fresco assento de um álamo copado;
Não vês ninfa cantar, pastar o gado
Na tarde clara do calmoso estio.

Turvo banhando as pálidas areias
Nas porções do riquíssimo tesouro
O vasto campo da ambição recreias.

          Cláudio Manuel da Costa, 1768)

O rio mal despenha.

(outro se engrossa
De São Francisco, com que o mar se adoça.

          Santa Rita Durão, 1781)

Amarela as velas azuis e vermelhas que carrega: corre barroso e ao mar se entrega e o lixo.

À beira do rio algum bandeirante português e três índias velhas. À beira do rio das Velhas a gruta de Maquiné cheira a mijo de moleque.

Metro de maré

Do morro
da igreja
de Nossa Senhora
dos Remédios
um e outro coqueiro roxo contra o céu cor-de-rosa.
Contra casas baixas —
tábuas de janela à altura dos joelhos.

A montanha e suas roças tortas, cercadas,
de milho e pedra
são cor-de-rosa
contra o céu cor-de-rosa.

Na praia
dos Anjos
o mar, a areia, os barcos
sobre a areia e os barcos
sobre o mar
são cor de areia
e rosa.

Riqueza de recurso

Necessariamente
não que seja terno
simples sim.
Não tosco
seco

mas a lua cheia
de vida
gorda, sadia

mas a palma do coqueiro embaixo dela

mas a estrela
estratégica
altamente estética:

compõem cartão-postal
Jean Manzon
derramado
a favor do poema exuberante.

Antes dentro

Amplos quartos brancos. Na argola o linho cheirando a laranja; e a bacia de louça.

Ai, amor de letras frescas: mentira montar espaço assim sossegado. Com certeza uma herança (portuguesa) imaginária de passado.

São velhas paredes furadas a bala, manchadas de esterco, cercadas de porcos. É chão batido com bosta, é corredor de traça, degrau podre.

(O objeto antigo é puramente mitológico na sua referência ao passado. Não tem mais resultado prático, acha-se presente apenas para significar.

O objeto antigo significa o tempo.

Não se trata, é claro, do tempo real. São os signos ou indícios culturais do tempo que são retomados no objeto antigo. O objeto funcional só existe na atualidade. O antigo escapa à exigência de funcionalidade. Responde a testemunho, lembrança, nostalgia, evasão. Evasão da cotidianidade. Ocorre no presente como se tivesse ocorrido outrora. Mergulha no tempo — regressão. Dá-se como mito de origem.

O objeto mitológico refere-se à ancestralidade ou mesmo à anterioridade absoluta da natureza.)*

Domingo, frascos de cheiro, terrina de doce crespo de ovo. Seios sardentos decotando bordado inglês e algodão. Cavaleiros pálidos de perfis lânguidos e narizes retos. Tristes os olhos galegos, fundos e negros.
Nossos homens miúdos e sujos. Bocas sem dentes, bigodes ralos, sonhos baços.

(As classes sociais menos favorecidas (camponeses, operários), "os primitivos", não têm o que fazer com o velho e aspiram ao funcional, em relação infantil e ilusão de domínio. Para eles, o objeto funcional não tem função, mas virtude, é um signo.

O "civilizado" nostálgico, no processo de aculturação impulsiva e de apropriação mágica que o impele para madeiras do século xvi ou ícones, capta sob a forma de objeto uma virtude.

Mito projetivo em um caso, mito involutivo no outro. O fetichismo é o mesmo. Mito de domínio, mito de origem: sempre aquilo que falta ao homem se acha investido no objeto.)*

De longe avisam altas palmeiras: houve aqui casa grande, mesa farta. Vida. Acolhida limpa. Aqui, não faltou nada.

(Todo objeto antigo é belo simplesmente porque sobreviveu e com isso torna-se signo de uma vida anterior.)*

De qualquer forma, o fazendão escarrapachado na baixada, entre ipê e primavera.

* Jean Baudrillard, *O sistema dos objetos*.

Rio by night

I

Não há lua
e a noite é clara.
Confusa
sem lua
na calada a noite
fala
a despeito da noite a noite
a cada dia
muda.

II

Noite acesa
no estádio.
A olho nu
o ludopédio complicado
o goleiro
de bigode.

III

Se há lua há além da lua
a tela do drive-in
imensa.
Se há lua há além da lua
tontas outras
sobre o Rio.
No Jockey clarim de holofote
neon grama no Maracanã.
Se há lua a lua
não sabe
qual luz é sua.

Pois é

Nós temos banana,

(e papaia.

Cerca de bambu
galinha magra
terreiro de areia varrido a palha
amendoeira na praia.

Teto de sapê
e TV
— a cores.)

yes.

Borderline

*Com a colaboração especial da Cigana,
do Cabeça e do Bisão*

Tá o maior rebu aqui, cara, desde ontem. Quando cheguei tava ela gritando da janela, tá o maior rebu aqui, cara, sobe logo, bêbada que nem um camelo. Tava mesmo, uma num canto chorando, dois trepando no chão, gente na cozinha discutindo. O magro acordou de mau humor, com a vizinhança reclamando, e resolveu botar todo mundo pra fora. Já era tempo. Os primeiros que dançaram foram aqueles dois safados, nunca fui com a cara deles. Pintou uma de sumir roupa, dinheiro. Até o magro se encheu. Até que enfim sacou qual é a dos caras. Já tava puto de botar comida na geladeira pra putada acabar, a casa toda reclamando que o pessoal toma banho e deixa tudo cagado. O dono já disse que aqui só podem morar três, tava morando sete, pô! O cara tem razão, o maior esporro. Ontem, só eu na minha, tendo que segurar a barra de todo mundo. Chegou uma hora em que consegui, numa boa. As meninas pararam de chorar, menos ela. Mas a merda do magro foi dar banho na outra que tava bêbada e comeu ela no chuveiro, foi a maior gritaria, o bundão do 7 veio ver, ela botou a boca no mundo, que merda, eu ia casar com o irmão dele, ele me come assim, sacana, viado. Aí ela lembrou do cara dela, o tal que é imediato num navio, começou a berrar, que ia pra Amsterdã, que o cara diz que vai pintar grana, mas não vai nada, não pinta nunca, e eu não vou ficar apodrecendo aqui. E chegou o Larry da buate, com dois sapatões histéricos que não paravam de rir, e recomeçou a zorra. O magro largou a mulher e ficou tocando Beatles, Sexy Sadie. A gente só acordou agora, ainda está o maior rebu, o magro tá aqui botando todo mundo porta afora.

Ele pegou e escreveu Ela com o dedo no vidro embaçado da janela. Já tem uns quinze dias mas até hoje quando a luz bate de um jeito dá pra ver o Ela numa letra meio torta de criança.

> baby,
> do you wanna dance
> under the moonlight?

Já não se ajoelhava no milho. As meninas se escondiam debaixo da escada da casa velha pra fazer sacanagem. Enfiavam lápis, pedras, na buceta e voltavam pro recreio. Era mais considerada aquela que andasse mais tempo com a tralha enfiada. Umas passavam assim o dia inteiro. Era bom sentir as coisas nos buracos andando com elas pra cima e pra baixo, doendo, e até sangrando, quando sentavam, na hora do estudo.

"she was also the giver of dreams and omens, of revelation and understanding of the things that are hidden, Goddess of the Terrors of the Night" o banho pelando, ela entrou cantando, Besame mucho, o exaustor fez muito barulho, a nuvem de vapor não diminuiu, beso enamorado como nunca me fué dado desde el día en que nascí, José Mojica tinha sido padre, besame hasta la locura, e em criança ouvia Harry Belafonte, brown skinned girl stay home with my baby, novo bilhete, please leave the shower as you would expect to find it, favor deixar o chuveiro como você espera encontrá-lo, there have been complaints, lá tem sido reclamações, diabolical state, I'm going away and if I don't come back stay home with my baby, a toalha cheira a cachorro, merda de máquina de lavar, touquinha de plástico na cabeça, infinitos andares do banheiro até o quarto, imitando a Gal, todu meu Paraguaaaaaaaaiiii, e o dono da casa no meio da escada diz there have been complaints — ah, sim, o chuveiro... — não, o barulho — oh, yes, sorry — três semanas e mudem-se, o magro de cueca lendo classificados e escutando Cat Stevens disse joia vamos morar fora da cidade e comprar um policial

Aí, ela descobriu que estava dando uma de Bela da Tarde. Só dava gostoso pra amor clandestino. Quando passava a amar a pessoa, sexo virava coisa suja. Perdia o tesão. O cara ficava puto. Era o maior melodrama. Não podia viver sem trepar, mas as separações doíam tanto amor.

        baby blue

jogaram uma bomba na ABI e outra na OAB, a rainha

acordou de mau humor, não quer mais ser rainha, tá fazendo birra, esperneia, bate o pé, não há quem a convença, pânico em Buckingham, estão pensando em internar, que nada, seu trouxa, cadê o Pablo, tô atrás de um fumim, desci do nono com o vizinho dentro do elevador, nove longos andares sem conseguir inventar nada pra dizer pra ele além de bom dia,

o Pablo se picou pra Espanha com uma francesa, pintou sujeira pro lado dele, uma fulana fez umas transações, recebeu dólar falso,

nem ele pra mim, no térreo já ia dando aquele alívio, já ia me despedindo, mas o puto veio junto, também ia pro ponto do ônibus, em silêncio absoluto. Afinal pintou o 27, me despedi de novo, mas o cara também tava esperando o 27. E só tinha dois lugares vazios, um na frente do outro... puta que o pariu, cu da mãe cavalo abriu... diz que é coisa de direita, que a linha dura tá achando que isso de eleição e cassação por corrupção é papo de liberal, onde já se viu, ditadura que se preze,

na hora de trocar teve de dizer no banco quem foi que passou, deu o nome do Fái, os canas foram lá investigar e acharam mais dólar, herô, fumo, bola e endereço de meio mundo,

mais duas bombas em Porto Alegre

nessa dançou o Fái, o Pi, uma tal de Mamãe, brasileira, que negociava pó, e uma pá de gente que conhecia o Pablo, ele se pirou em cima

a colônia tá ouriçada, o telefone não para, todo mundo quer saber, pensam que estou em linha direta,

por isso é que gosto do Pablo, o cara é do caralho, limpeza, o cara é limpeza

> O rei mandou me chamar
> pra casar com sua filha
> só de dote ele me dava
> Oropa, França e Bahia.

Coisa sem estado, sangue e espanto, função milenar me deixar matar por gosto.

Um pouco antes tinha inventado alguns provérbios e colado no espelho do corredor. Colado não, enfiado na frestinha entre o vidro e a moldura, junto com as cartas.

Macaco velho às vezes é acometido de um engano fatal, e mete a mão em cumbuca. Aí é foda.

Pô, cara, cê veio pra cá pra isso e não tá agitando nada. Logo que você chegou te dei as dicas todas e agora que você já tá sacando a cidade, tá cagando na minha cabeça. Sou eu que descolo tudo — esses ingleses aí — não fosse eu... Os caras são do caralho, tocam paca. Trouxeram aí uma fita deles preu ouvir. Vão gravar um álbum, querem que eu toque com eles, gostaram do meu som. Você nem quer saber, não tá nem aí. Não estuda porra nenhuma, precisa entrar pruma escola de inglês, a primeira coisa é o inglês, seu inglês tá péssimo. Assim não vai dar pra você aproveitar essa terra. Isso aqui é um barato. Você ainda está numas de lá, isso aqui é diferente, só anda com brasileiro, tem de meter pras cabeças, esquecer português, que nem eu. Vou pros pubs ouvir os caras, na saída puxo papo com eles e fico sabendo das transas todas. Foi assim que conheci esses dois, e aquele que toca no Popy's. O violão do cara é muito bom. Conheci um outro, me deu o telefone, o nome dele taí nos cartazes, Jimi Rol. Me deu o telefone, quer fazer um jam comigo. E você nada, cara, só quer saber desses empregos de merda, de lavar copo em buate e limpar chão dos outros, nada de se virar. Assim não dá pra

> I pity the poor immigrant
> ...
> in the end always left so lone

Depois vi numa fotografia: tive sarampo e fiquei magrela, cheia de pereba.

a mãe nunca limpava aquele cocozinho dele, teve de explicar que não era cocozinho, era assim mesmo, quem sabe da sua vida é você, disse ela, mas não é verdade, sempre sonho que nunca mais vou ver minha mãe, entendo nas mulheres uma coisa mesquinha que me irrita, nos homens, a mesma coisa dá pena, ou acho graça, tem uns homens que parecem uns passarinhos, disse ela, tomando milk-shake de morango numa lanchonete de São Paulo. Talvez ela pensasse mesmo assim, mas dizia isso para parecer sabida, e era esperta e valente

obriguei ela a trepar com meu namorado na minha cama e chorei muito fiquei sentada na escada da portaria a madrugada toda

O magro serviu ravióli pra Mia Farrow na buate. Achou a cara conhecida, foi perguntar. Nossa! Santa! Vou escrever pra mamãe que servi ravióli pra Mia Farrow!

As doze luas do ano solar, as Casas da Lua. Alda, Ana, Beti, Cecilia, Clara, Helena, Hilda, Lucia, Lena, Renata, Rosaura, Veronica.

Quando ela chegou ao Brasil (ela era canadense), era uma princesinha, disse o Ion.

Entrou puto que não era nem meia-noite e já não tinha nem um lugarzinho pra se biritar, merda de cidade, falta de liberdade, onde já se viu, porra, horário pra beber, então o cidadão não sabe quando está a fim de beber, só pode beber quando querem que ele beba, governo de patifes, liberdade é o caralho

>She comes in colors everywhere
>She combs her hair
>She is like a rainbow

Olha, cara, quem sabe da minha vida sou eu. Sei me virar. Só não tenho feito você, paizinho no Rio que me mande grana todo fim de mês. Não vem você me dizer o que eu tenho que fazer. Tô vendo você agitar sim, esses dois aí não tão com nada. Não queria falar, mas é muito papo de estúdio, de álbum, e estúdio e álbum que é bom, coisa nenhuma... Tão aí vivendo às suas custas, te fazendo de trouxa. Eu não abro as pernas pra ninguém. Muito menos pra inglês filha da puta. Vou me juntar com esse tipo de gente por nada, sou mais eu. E não tem nada de aprender inglês em escola nenhuma, tem mais é que

Ela fez muitas perguntas, queria saber se a Mia Farrow era bonita e dizia, parece que não tem nada de especial não é? Que é franzina, pequena, não chama a atenção, não é? Ela só queria saber se a Mia Farrow, ou qualquer outra estrela, ou qualquer, era mais bonita do que ela. Se deu bem.

Referências?	— References?
— No.	Não.
Conta em banco?	— Bank account?

— Just arrived.	Acabamos de chegar.
Profissão?	— Job?
— Students.	Estudantes.
Escola?	— School?
— Did not find yet.	Ainda não achamos.
Casados?	— Married?
— Friends.	Amigos.
Desculpem, eu tenho medo eu não posso tomar vocês.	— Sorry, I'm afraid I can't take you.

tio Saraiva dava de cinta nas sete filhas de manhã cada uma pegava uma xícara no prego e fazia fila pra tomar café com leite, cada xicrão branco do tamanho de um pinico, e eu aprendi a fazer cara de mãe numa dança com bonecos para a festa de fim de ano, a mesma cara que usei pra me apaixonar por uma prima de mamãe que falava baixinho e era piedosa como as madres, no dia das crianças ganhei mais balas porque meus pais eram separados

> eu não sou daqui
> eu não tenho amor...

Papéis locais e telefones públicos.	Local papers and public telephones.
We don't take students.	Não tomamos estudantes.
We don't take couples.	Não tomamos casais.
We don't take children.	Não tomamos crianças.
We don't take dogs, cats, foreigners.	Não tomamos cães, gatos, estrangeiros.

Macaco novo nunca viu cumbuca. Vai logo metendo a mão. O espelho está quase todo tomado de cartão e recadinho. Só tem um espacinho de nada pra gente se olhar, existem momentos em que a gente confia inteiramente nas pessoas, mesmo a mais vil, a mais mentirosa. Nesse momento eu não podia te enganar se eu quisesse.

all the Brazilians that come here say they know the ambassador, disse a mulher da agência, todos os brasileiros que vêm aqui dizem que conhecem o embaixador, said the lady in the agency, e conhecem, she was told, and they do, somos amigos pessoais do embaixador, temos conta no Banco do Brasil, recebemos dinheiro de casa todo mês, e estamos matriculados em Oxford, só começamos no semestre que vem, enquanto isso queremos conhecer isso aqui, somos casados, mas não temos filhos nem animais domésticos.

é uma coisa doida confusa é um compromisso com a vida escrito que nunca fiz mas está feito não tem jeito você assim me excita bate mais amor bate muito cadê que meu pai não tem nada a ver com isso? ainda estão nesse nível de pai e mãe? disse ela, o mano de camisolão no sofá de veludo da tia e eu olhando a festa das amigas da mamãe, todo domingo eu vinha do colégio e o mano me mostrava a casa toda, achando que eu não morava ali, uma casou primeiro, não mudou nada só que os pais trocaram os móveis de mocinha do quarto dela por um dormitório pra casal pé de palito, a outra tinha jeito de japonesa e foi pros Estados Unidos, um deixou arquitetura e lambreta, deixou de ladrar feito cachorro, e foi a mamãe quem mostrou a lua cheia enorme pertinho do mar quando todo mundo foi pela praia tomar sorvete em Ipanema, o Rio era mais quieto, depois disso os meus amigos, riem muito, mas não sabem bem, os outros pareciam felizes, esses dão mais pena, casam, vão pra Europa, mas quase não tem mais, Europa nem casamento

puta, de shorts na cozinha, esses ingleses nunca lavam nada, contando, quando se mudam é um horror, ela estava chorando enquanto lavava os copos, acho que tomou um porre, estou limpando há dias, a imundície continua, em vez de reclamar, devia dar graças a Deus, até que enfim um lugar pra morar, inventamos mil estórias, o cara do bar toda hora dava pra ela uma vodca com laranja escondido do chefão, esfregando, são milênios de sujeira, não sairá nunca, na saída falou muito, disse que tinha vindo porque estava apaixonada, mas não sabia se não tinha inventado essa paixão só pra encontrar uma saída, are you calling from the club? there are messages for you, tinha vendido tudo pra comprar a passagem, queria vida nova, e agora, no, he is out, working, não suportava a novidade, o desconhecido, não entendi direito, mas tive pena, those two just called, it is now 2 in the morning, continuou falando no táxi, que chorava porque não via saída nenhuma, ou acabava voltando ou refaria a vida aqui igualzinha à que deixou, que só se morresse se livraria dela mesma, seria outra, muito estranho, I told them you'll be working at the club until 3, it seems the studio is free, they'll come to get you at 4, que acabaria de novo procurando o mesmo tipo de gente, de coisa, nunca ia deixar de ser o que era, she came to see if there were any letters for her at your place, estava presa dentro dela mesma, Beto is selling his car, temos de comprar papel para forrar os armários, puta, como tem armário nessa casa, Toni needs a flat, e não quis que eu ficasse pra dormir com ela

ligou pra dona da agência e disse tamos aí pra se dar bem, fodidos, sem nota pra escola nem pra conta porra nenhuma, batalhando libra que inglês não quer num clube de bicha do Soho, viu, cagona?

tudo acontece tão depressa não posso mesmo ter paciência durmo muito deve ser a agitação durante o dia não paro um minuto preciso me ocupar o tempo todo o sono também é agitado me mexo e falo muito pesadelos horríveis nunca lembro de manhã fica só a sensação de pânico acho que não descanso enquanto durmo raramente estou calma mesmo os momentos felizes não são calmos só paro tranquila e plena em minutos que não posso medir depois de você me bater na cara me rasgar inteira

vovó estava para morrer mas não queria ir sozinha me agarrava e me pedia para ir junto com ela fiquei

horrorizada tirei a mão cheguei a pensar que ia junto
o Rio era mais quieto vovó fazia festa de São João e
o bassê engoliu um buscapé antes de explodir ela
preparava fogo na ponta do cabo de vassoura no dia
seguinte o cimento do pátio ficava todo preto e mar-
cado

> Smiles smuggled from overseas
> Nice (smiling) blue-eyed pirates

Conseguiu o sonho da vida dela, falava de outra,
contava, virou americana: casou com um americano
e foi morar nos EUA.

foi até à cozinha preparou e comeu quatro torradas
com queijo parmesão ralado, lembrou do Riviera em
São Paulo onde serviam torradinhas Petrópolis, todo
mundo discutia filmes, logo ali na boca dos cinemas,
um ovo quente, três minutos é o ideal, meio copo de
coca-cola e uma xícara de café, acendeu um cigarro
e sentou para ler a Casa Verde de Mario Vargas Llosa,
tradução, entre as linhas ficou pensando que semana
passada alguém disse que as descrições banais da
poesia inglesa que está se fazendo agora não querem
dizer porra nenhuma como as pinturas que os críti-
cos chamam hiper-realistas, também contaram uma
estória sobre o irmão de alguém, tinha dito que aque-
le mato pra dentro de Araraquara tava cheio de ca-
boclo com a cara dele, o pai não parava em casa, tava
sempre inventando uma gleba de madeira pra ver

pra comprar e revender, e que precisava pensar que estava livre, que poderia ir embora a qualquer momento, aí gostava de ficar (não chora não amor isso passa é só o começo eu sei que é difícil aguenta uns meses já já vai ser como com os outros com trabalho a gente tira 45 por semana o aluguel sai a 9 pra cada um vai se vivendo logo compramos o equipamento o carrinho nas férias vamos até à Grécia aqui tudo é perto chora não)

só aí deu com ele falando, garrafa na mão, devia estar falando sozinho há uns dez minutos, isto aqui é um barato, incrível, sensacional, só aqui podia tomar esse uísque do peru, baratinho, e haxixe de montão, e o que ele queria mais? tudo em cima, vida de rei, inglesa a dar com o pau pra comer, e já se arrumava, entrava prum grupo com um inglês desses, virava superstar, rock é ligar a guitarra no plug e tocar pra frente, ele ia ver só, ia se dar bem, tava transando todas, falava inglês saboreando o privilégio

Não sei de nada disse ela de peruca azul pulando carnaval na banda de Ipanema, meus valores estão tão confusos, quinze anos, um anjinho, mascote da turma, todo mundo queria pegar, admiro a lógica, quem pode deixar de lado? mas hoje em dia não tem sentido articular, encadear, tudo assim simultâneo, fragmentado, e a outra respondeu, sempre sem dinheiro, naquelas roupinhas cheirosas de ninfeta moderninha, reclamava, ia almoçar em casa de amigos, só tinha arroz com feijão e bife, coisa de subdesenvolvido, em vez de comer fruta, verdura. Aí foi pra Londres, achou um absurdo pagar pra mijar, voltou.

que diabo de mágica tem essa língua pra te fascinar desse jeito, cara? troço mais babaca, sei eu que é legal pra música, pra letra, dá pra fazer mil cortes, mas isso é exagero, velho, qual é? tu tá querendo ser inglês, não vai ser nunca, que merda, a coisa é de sangue, ó seu babaca...

Das tripas coração

O mato comeu as luzes uma por uma. A lua. Corria
                              [junto, macio. O motor.
Vinha cochilando no banco de trás.

hey hi high star here I shine shy here I shy shine hi
[high star here I alive

HEY HIGH STAR

A rose is so much more than just
a cat is so
         sly
         moon
         and I,
         oh.

I fly

and fall.
Bump roll moan shout sketch scratch
come and go.

Escocês

O campo de trigo é o homem
e suas unhas compridas
(campo louro
pasto raspado
quadrados de joio
cercados
por muros baixos,
de pedra).

A pedra é o homem
que a vê
e diz.

Aquela casa é um homem.

Atrás da couve
da ovelha
o homem
que escreve o pasto o boi o homem.

O homem só porque escreve.
O olho só porque diz.

O trigo do joio
não se separa:
a união faz
o mistério — tremendo —
terra trigo joio boi
eumtodo.

Words that are my
    prison
and my open air
    blue bird
       seal
    blue bird
       seal
    blue

negócio é ir fazendo, coisa bonita, de prazer e não,
como der e puder, com palavras posso melhor, pensar
no I, pensar em vírgulas, no A, chocado com o último
poema, disse que é forte, escrever ao léu e mandar pra
alguém receber, que eu conheça, que não conheço,
pegar endereço no catálogo, o que aparecer, pelo
correio, coisa pública, circulando, Copacabana, Méier,
Água Branca, lendo: mandar pelo correio, mostre se
gostar.

não sofro muito não até curto R me leva pra alguém me ajudar que estou pirada e queria ficar como estou pra sempre alguém não porque eu posso aguentar solidão tenho tantos amigos e depois é só um pouquinho gostei muito do N no fim de semana que me protegeu entendeu alguma coisa e passou a mão na minha cabeça com pena do gato ficou sem comida de manhã ele fica mal também supernervoso ela gostosinha mas papai pensar me deprime não vai querer é horrível nem sei o que dizer que veja o que chama mundo mau achei que com comida passasse senti um pouco de medo mas agora é bom não quero ficar boa coitado do D não vai entender a carta

Pendurou o paletó na janela do carro choramos até hoje que essa viagem durou desgovernou o futuro sempre lamento tô quase o coração bate porém o vidro do olho cola na carne da pálpebra roça igual língua de gato faz carinho na minha cabeça chega a arrancar cabelo tão forte não tem jeito pro carinho que tem se deve uma coisa fica tentando recuperar também sinto ô pai porque mi abandonaste vir domingo hora do almoço espantar mosca com camisa colégio de freira viajar casar mas fiquei sozinha por dentro cabeça masculina tem um amigo que diz como pessoa fiquei muito inteligente mas como mulher sou meia boba.

lh
de mulher
molhado
fundo
difícil
ulh: musgo,
     dentro,
coisa muito funda,
     muito.

Abre a boca, deusa

Para Jutta

Em meu copo de veneno
flutua nua forma feminina
Raul Miranda

ABRE A BOCA, DEUSA
EM ME MEU VE VEN VENENO VENENENO NENO
COPO
CÓ CÓPU LA VENENO ENO EN ME U
FLU FRU TU
NU
A
FOR MA FÔR MA FU MA ÇA FOM E AR
FEMININA FEMINININA FEMENINA FEMI NA FEM E
NINA JA NAÍNA INA INA

A
INA INA BICA
INA INA BOCA
DEUSA NUA FORMA FEMENINA BRINCA
BRINCA INCA INCA INC
MENINA MENA MINA MIA I A IÁIÁ MININA
DOS OLHOS
ÓIOS ÓI DÓI
ÓI IO IOIÔ SÔ
SÓ

ÓIO PUPILA PUPI LA LÁ LÁ LÁ LÁ RI SO
MOLHO OLHO ÁGUA GUÁ UÁ Á Á
A.

A man and a woman sitting at a table talking. Or shall they remain silent? Boneca de louça vestida de cigana, panos vermelhos rotos, costurados de medalhinhas, unhas das mãos e unhas dos pés escarlate. A boneca tinha sido de mamãe. Peguei no cabelo dela fininho e cheiroso, coisa de gato brincando, duas gatas de brinquedo, duas esferas, ô olho lindo verde verde água brincando. Noite triste a noite da cidade ela era linda she did not open her letters
oh Virgínia
oh, don't you cry for me
você acha que eu poderia me sentar toda manhã e escrever 6 páginas de um mesmo livro?

Duas mulheres sentadas à mesa conversando. Ou em silêncio? (Obrigada, Virgínia.) Inês, Helena, Gilda, Marlene, Marina, Ela. Segurei o rosto dela beijei a boca e os olhos verdes, entre as minhas mãos e o rosto dela um macio de cabelo cheiroso. De pernas cruzadas ela ficou rindo. O osso da perna reluzindo vertical a carne, muito mais do que a cara linda.

Era sala de luz branca mesa redonda rede cadeira de palha varanda pra palmeira do vizinho barulho de carro na rua cheiro de praia e tempero de cebola e alho, no meio da sala tem uma mesa e em volta dela duas mulheres conversam.

Onipotente, onipresente, sei de tudo que se passa e algo falha. Talvez invocar musa menos diária, essa come goiabada com queijo, toma limonada, acorda e faz chá pra mim de manhã cedo, quem não queria Amélia a seu lado? Pago, a conta, deixa, galeto e caipira, e afago, teus cabelos idênticos aos meus.

Ela te escreverá poema toda noite e comprará cravo branco pelo telefone mas se você vai pra aula quem vai abrir a porta quando vierem entregar as flores?

Não fica aborrecida beijo político cada amor que eu tenho linda vamos fazer uma coisa escreva cartas doces e azedas feminice pedra dúbia ali bateram nossa roupa de renda

Venho e vou lua.

Uma mulher tem só caprichos, baby.
Os cheiros delas.
Adoro.
Adoro, baby,
os gestos nos anéis.
Lavandas.

O Banho, feito eterno.

E os dias pretos.
A gaze preta delas.
Véus
pelas mãos, pelas pernas.
São sem olhos.

EU ADORO

em toda água
funda e não
tanto dá asa como pé
meu pé-de-meia e ganha-pão
é igual ao
teu,
      então,
      telefona da capital
      me chama me meu amor
      que eu só sou
      da cabeça aos papéis amor amor

      escrev., recit.,
      mesmo papel celofane de balão
      voz doce voz
      interestadual gemido
      segura meu corpo frouxo (por um fio)
                            [docefirme
      diz entre línguas amorzinho,
      sofrendo...

Rock de segunda

I hate to do it
baby
you know
I know it too
I hate
the very idea of it
you know me
clever
thoughtful
see it all so clear
you know that

you know that would be pointless
stupid
unkind
you know I hate to do it
baby
don't you?
me too

still I do it.

As preocupação política com os destino do país.
Leio no jornal
estudantes Belo Horizonte
toda vez eu choro.
Todo ato nem desato é político
e a poesia não morreu em português.
"Ai,
que vida apertada"
bordaram no pano de prato
              pano de prato
              pano de prato
              pano de chão
              saco de pão
              saco de gato
              cama
                      mato
                              sem cachorro,
e depois corro.
Disco é cultura ou é classe?
Diversão fura o Sistema (!)
— furemus —
de toda casta
não economizo não
penso no futuro não
subo na vida quando dou

o cu
PARATODOS
lamento pois
quem fiquem
não sabendo
(el não telefonou telefono eu)
isso-aquilo, imagina, vai falar, vai dar o que
vão falar
a pura verdade
mexe a bunda, bem, e mexe bem
a ambrosia
fogo no rabo e/ou manjar dos deuses
Deus é amor

canta no fogão
"ó pé de anjo ó pé de anjo pé de anjo rezador tem um pé
                                  [tão grande ó pé de anjo"

só quero pequenos
prazeres
cinzeiro de concha — design brasileiro
água-de-colônia Regina
e grandes
cê tem um pau tão grande, anjo
nunca tinha visto igual.

as noites cheias
em vez de escrever verso
de dia também
em vez de qualquer coisa
assim papo riso
cama
o Rio é uma festa
aí passa um caixote de luz de gente pendurada
inventando razão de ir razão de vir inventando
sujando ladrilho até tarde no boteco
toda cor fácil de olho aceso rindo
sabe lá pra onde chegar
é que são elas
cada bar
e sua luz igual vela mercúrio
ser garçom é padecer num paraíso
ser freguês também

Pra Lucia, minha irmã

dor de cabeça dor de cabeça dor de cabeça uma rosa é uma alusão martelo cifrão caneta Bic na mão no pulso frouxo o Seiko adianta a vida no Valongo é muito antes por que não? Ave que gracinha moça encantadora a Eliane já o marido não posso dizer que é meu amigo meu forte é meu mal disciplina conceito careta vagabundo trabalha com a vida deixa de ironia é arma de fraco como é ser uma pessoa melhor? não se assuste, pessoa pai bota medo o dedo indicador olha a cobra no caminho é poesia ou tá prosa antigamente se dizia fulano é casado hoje se diz está, casado com fulaninha Sicrana Waldirene com W mora onde não mora ninguém na imensidão alg planta raiz forte refresco de anis Luzinha amor pela irmã amor irmão ele ti bota medo? ele ti bate? qual o diabo mais feio? ara palavra cruzada cruz imola não amola faca cega altar coroa de lata de gordura de coco Carioca compra terra a quilo e semeia erva camburão patinete moleque ladrão muito menor do que e abandonado pim pim pim catucou com o pezim o bebê o bebê cunhé cunhé muié de homem que dá presente — perfume ou vestido — e puxa a cadeira preu sentar quero-quero posso-posso os homens são mais generosos os carros passando as pessoas vendo! mulher e marido brigando na rua briga de

lua não se mete a colher sua puta sua vaca sua alma sua palma seu fia da puta muito ódio no coração pum flor que se não fede nem cheira leite azedo cara amarrada minhoca farofa banana na banda teatro de revista boca do lixo beco da fome hippie de boutique zona sul zona franca livre-pensador pensa franco--atirador atira a primeira pedra já já que bom Ki eu sou como sou vidente niente janela y ventana Ana I love you neon go-go-girl não é palavra que mal digo a primeira pessoa sempre no singular I ai I ai solidão universal au ou preocupações específicas quem tem saúde tem tudo quem nada tem nada vale de lágrimas tem tem titia Bembém Neném Nonga Cochicho Fifia Titi la famille Hélène Vincent nunca aprendeu português le paquebot Île de France ranço ponta de lança fim de raça buzina pandeiro ambulância corpo de bombeiro cachaça maca quarto 33 cada vez mais demais Inês Helena colírio trilho de brilho que não tem casa na roça onde não mora ninguém palhoça bossa Marambaia eterno rádio no ouvido não come bem quem não tem dinheiro desse mundo nada se leva se herda pluma sem parar dinheiro cai do céu eça eça eça dor de cab
                    apita Luzia Eliane Eneida Pedro São Carlos Iguape Vitória da Conquista galo festa balaio macarrão aveloz quadrado macabro varanda samambaia gim-tônica frisson general Dilermando seta tapioca esse caju na minha terra se dá pros porcos qual é o maior estado do Brasil? Catarina Catarina coração de feto no microfone já tem nome nome

nome nome de homem homem de nome nanico mico macaquinho patife quem corre corre quem não corre morre quase quase ainda sem beira nem lago cagão cu na mão coração na boca das tripas coração e agora? na mão joga fora despedida almoço com as estrelas voga vaga porrilhão arena areal duna redondo anel açúcar ambrosia deuses eu heim, Rosa Antonio Manuel compostos portugueses dicionário agravo paquiderme calor words color contivesse mais pra lá do que pra cá entre duas cadeiras a cruz e a caldeirinha do senhor João Ratão quem chora mama bosta viva cria cabra morro do Pavão dois patos um ganso um marreco fedentina Maricá estado do Rio de Janeiro esquizofrênico morrer amanhã será outro dia a dia da caça e do empalhador de passarinho alçapão ratoeira caixas de morar na hora H ponteiro esquerdista crente farinha do mesmo saco todavia toda cotovia não trepa nem molha não chove nem sai de cima chocante é babaca de elefante brincadeira tem hora incerta Maria bom dia são cinco dois e dois é mal três ainda mais ais it is a good day to die going to Alabama ama de leite quente caramelo elo de ligação me amarro nela tela marinha linha horizonte ponte longe chuva danada sinal palmeira casa madrugada cada colcha com seu retalho seu sal refinado a cada talho cisne branco em noite de lua bruxa serenata bombom sonho de valsa sabonete suspiros de Granada loção carícia de mulher se atirou do 10º deixou filhinha de meses eta teta marreta picareta trato maltrato sofrido retrato acabado escoriado a vida não

vale a pena de mim ruim castigo vem a galope trote pelo telefone tome nota tome conta esforço rói o osso unha cartilagem viagem vagem carne de pescoço não teimo não termino o que começo faço
 só por
 ou por que preciso

As mulheres gostam muito
(1979)

Para Yvonne Maggie

I

    SOBRE O SUICÍDIO. PRECISO TOMAR UMA DECISÃO entre pedra ou vidro, estilhaça ou espatifa, porque todas as palavras não cabem num livro.
    PEDRA. Brilhante, em forma de coração.

    (*Que Deus a tenha — um fiozinho de alma escorrendo feito fumaça, só vendo a queda! Um corpo não despedaça quando cai, os fragmentos lá de dentro nem na morte aparecem.*

    — Precisava ver, na beira da praia, cortaram as pernas do caranguejão para ele não fugir, o esforço do tronco se contorcendo.

    A multidãozinha curiosa e sofredora, antes de ir pro trabalho — a cor que mais tem é vermelho, calça, vestido, camisa.)

    "Nu coração
    de Copacabana
    desejo você como desejo
                       pular
    do décimo primeiro
    um vidrinho colorido
    espatifa

       quando cai: brilhante vermelho
                [automóvel

  mi aperta na mão
  esmigalha
    desejo/como/você
          morrer"
(*O porteiro subiu pra tomar café e contou. Ela não tinha trinta anos.*)

II

MORRER DE OU MATAR POR

— Amor? Vale o que eu quiser. Falar, fazer uso da palavra. Duas pessoas e a seta sem direção. Bonito, né? Parece código secreto. Só que não tem nada a ver com código secreto. Vou mentindo porque tenho medo. Vou sabendo que estou mentindo. Eu não tenho medo.

She don't like. She don't like She don't like cocaine (*música de fundo*)

— Eu me envolvendo porque não quero tomar o ônibus e voltar pra casa. Eu me envolvendo porque quero arriscar. Sempre me mato e renasço. Não distingo o que é bom para mim. Me humilhei? Eu não quero dar o meu corpo. Eu quero dar o meu corpo. Você é que complica. Você é que complica porque insiste em que não é complicado. Agora só gosto de uma música: todo homem todo lobisomem...

don't like cocaine

— Coisa de mulher! Qualquer um sai batendo a porta ou chora no banheiro: o vizinho fica olhando pra cá de binóculo e Ela vai toda quarta-feira na sessão das duas do Roxy trepar com um fulano que não conhece e chama de Cigano, última fila, lado esquerdo. Bater porta, cara!

cocaine

— Coisa de mulher é coisa de homem. Tô muito cansada.
ME LEVE
  LEVE
    LEVE NUVEM,
eu quero ir (*essa música é do Paulinho, ele vai acabar tocando ela por aí*). Tô muito cansada, quer ver? Olha eu pensando no meio da briga: o açougue fica acordado de madrugada também. Não tem porta, só grade. A santa no alto dos ladrilhos fica iluminada dentro do nicho, com lampadinhas coloridas daquelas redondinhas, parecendo uma paisagem. E as geladeiras continuam ligadas fazendo barulho de motor.

III

ON AND ON, ON AND ON (*fundo*)

— Ligue o rádio e abra os braços pra me guardar, multidãozinha curiosa e sofredora — a cor que mais tem é vermelho, (*gelatina de morango*), cueca, meia, sangue. Assusta, mas é quente e bom, se você bota pelo nariz, gargareja ele subindo no peito, descendo da cabeça, borbulhando pelo soco, pela boca. O olho roxo, e aí o sangue perdeu a liberdade dele, virou fruta cristalizada.

A realidade vai muito além da imaginação. (*Essa é para o Hayle.*)

(*Ele gosta mesmo Dela: no meio de tanta gente, os olhinhos brilharam quando Ela entrou.*
Ele gosta mesmo Dela: no aniversário Dela mandou entupir um Rolls-Royce de rosas, de presente.
Ela gosta mesmo Dele: onde Ele vai Ela segue.)

Fica fácil morrer porque o nosso peito dói. O corpo tão frágil; ágil, quase — são comportas. Linhas tênues, fiozinhos. De alma, escorrendo pelo tiro, facada, ferida, injustiça.

(*Ele disse que era coisa do demônio. Andar atrás da negra, Ela não presta, e é pobre e feia. Casado há trinta e dois anos, crente, nunca foi disso. Está certo de que é coisa do demônio. Wild world. Ele disse que as crianças já nascem numa casa onde a mãe é comprada, às vezes vice-versa, tudo contrato e mercado, e o trabalho tem de ser esse de ir limpando a cabeça do aprendizado. Ele disse que a coisa mais triste da vida Dele era ter uma filha desquitada no Brasil.*)

O corpo coberto, mole, aberto, e tinha sido alerta.

(*Ela disse que nunca tinha visto o pau do marido. Perguntou como era. Só trepava debaixo do lençol. Ela disse que Ele vem uma vez por semana e Ela faz carinho Nele com a ponta do pé até Ele gozar. Ela detesta Ele, tem nojo, mas já faz isso há tantos anos e depois, se parasse, até ia ter de mudar de Copacabana. Ela disse que o problema é psicológico. Uma transa com o pai, descobriu no grupo de análise. It's hard to get by just upon a smile? Ela disse que queria tudo bacaninha agora: maridinho, filho, casa, nada de maconha mais, nada de*)

A água do rio inchando o corpo e levando.

(*Ele disse que mulher inteligente é foda. Ele disse que transa é a pessoa. Ele disse "tira a roupa", pagou o jantar, dirigiu o carro e não prestou atenção quando Ela disse que*)

Vira palmeira, canoa, navio. Sem contorno. Os sonhos vão de avião texto entrecortado de soluço
desejo MANTÉM SEMPRE TESO O ARCO DA PROMESSA
eu mesma
a minha presença. Por isso se certo modo acredito.

(*Ou então não têm malícia, não sabem. Diz que é geração andrógina, e também não faz questão. Coisa de irmão.*

O irmão pendurou os ratinhos brancos no varal pelo rabo. Com pregador de roupa. Atirou em um por um com a espingarda de chumbo. Eles não morriam, mas ficavam se debatendo. Embaixo, umas partes deles são cor-de-rosa cla-

rinho. Cor sem defesa, de partes moles, igual orelha. Como almofada de seda com aquele botão no meio afundando e repuxando ela.)

IV

AND ON

— Dentes de máscara e olhos de amêndoas... Qual é, cara? Digo o que eu quiser. Inca. Inca. Iúca. Fumaça branca parecendo fantasma no céu preto. Preto. Quando o Filho do Sol sai à noite as casuarinas tremem, vento e soundtrack de terror. Ele me traz uma oferenda. Um vidrinho (*uma pedra?*) — vermelho — em forma de coração...

... rubi úmido que pulsa, pacote em jornal que pulsa, de carne viva latejante, amordaçado com barbante, que pulsa, pedindo gilete ou faca ou água que rompa barragem, leve ponte — de ferro, casas — de pedra, corações

"à beira d a mor
te mporal
       almaria

escuro
e um fio por
me juro me

viver mas conso
me juro

me morro me ô precário
equilíbrio
ah dor —
— mor sempre à beira de
me viver me o dor a valor
temporal

a dor ADOR"

V

A DOR DOR

 tão confusas. Parece tudo minto confuso, mas não é. Ou melhor-pior, parece e é, mesmo, tido muito confuso. As coisas são assim, repetidas, superpostas, entremeadas de, maior dificuldade ir separando elas com travessões, parênteses, aspas, maior ainda ir inventando a existência delas com nomes.
 O fato que se dá à forma: ISTO é uma estória de amor. A mais verossímil.

(— vida não vale um caracol, Vovó dizia e lá ia, maxilar a mil pra esquerda e pra direita, camafeu, blusa de renda, buscar o pão das cinco horas. Mas diz que na hora da morte a vida passa feito um filme — tangerina, filha,

sopeira, viaduto, fuzil, maxilar — *espelho partido em sete mil espelhinhos que se reproduzem.*)

Tem: que prestar atenção, uma mulher que morre, nós em flashes, nada fácil?

Vale o escrito
(1981)

Do tempo de escola

"Com minha Mãe estarei

Na Santa Glória um dia
Junto à Virgem Maria

No Céu triunfarei!

No Céu
No Céu

Com minha Mãe estarei

No Céu
No Céu

Com minha Mãe estarei."

Tem um lance de lua
no néon, a lua é fria
a mulher ri
agulha
o salto da sandália devagar
mergulha — de verniz, cintila — e voa
fura
todas as letras do hotel gritam no céu.

Ah doce sedução

sol,
mas o oblíquo — Leila Aline Eliane Laís.

leve-eróticos, só suspendendo a folha do prazer
delícia do iminente
por vir que

Do nem.

prega de sorriso
a poder delicado
a entrever
Sempre
Entre
hálito
                                        borrão
interstícios enquanto, enquanto.

A forma da boca é a alegria
De dentro vêm o ar limpo, a alma e a claridade
Os corpos têm cheiro
A montanha azul
O capim.

Revelação

O sopro está aqui
de visita
à revelia uma alma leve que não presta atenção.

Súbito novo vem de onde vem zunindo dói
[hipnotiza e mata.

Lá há
leite e mel.

Assim uma linha verde da janela — um dia
átimo, repente —
                                                correndo
paralela ao que é veloz
                    colina
                    planície

                    estilete fino de metal
no fundo.

O mar
não existe, só
o impossível e a ausência,
a acidez,
se reproduz.
A acidez é um fogo comendo o tubo escuro que atravessa
[o corpo.

A duna vira nuvem, se quiser.
Onde vou é atrás
dessa passagem no chão
desde ar
e ar
a meio caminho
              suspensões
              partículas
              grãos
              vazios — Paisagem.

Está claro,
e acima de tudo,

sim dito o céu.

Os caminhos do Conhecer
(1981)

L. M. se viu dentro do carro, no meio do trânsito da Lagoa, indo na direção do túnel Rebouças. Então não tinha abandonado o carro, como pensava, de portas abertas, no meio da rua. Tinha sido um sonho talvez. Desses sonhos de engarrafamento. Na verdade, lá estava, suando, a roupa grudada no banco de plástico, um milhão de buzinas soando, que os ouvidos já tinham incorporado e os nervos certamente assimilavam como parte necessária de seu habitat natural, ao qual não era o caso de reagir.

Engatou a primeira e avançou alguns metros. Pela janela não entrava vento nenhum, mas só a cidade mais bonita do mundo: as linhas de água brilhante e as montanhas azuis um tanto esfumaçadas, e aquela confusão de formas retas, quadradas e brancas, que eram as casas e os edifícios, entre elas.

Em cima da sua cabeça a lata do automóvel fervia e acima dela o céu estava azul-claro, embora não estivesse limpo. Era um azul-acinzentado, ou melhor, esbranquiçado, ralo. O trânsito andou mais uma vez, agora por mais tempo. Uns três ou quatro carros entraram à esquerda, no posto, e abriu-se um pequeno espaço à sua frente. Nesse momento, atravessou às pressas uma preta, empurrando um carrinho de bebê. Depois de esperar uns minutos na ilha calçada entre uma pista de asfalto e outra, ela se despencou, aflita, para o outro lado ainda, à beira da água. O bebê, com sua plácida cara gorda e branca, dormia tão calmamente que poderia estar num berçário refrigerado, acolchoado de sussurros e pintado de verde pálido. Quando se viu no caminho de terra que margeia a lagoa, a babá suspendeu a aba do carrinho e pôs-se a caminhar tranquilamente, arrastando um pé depois do outro.

Naquela faixa estreitíssima de terra cabia outro universo. Um mundo de lazer, esportivo, cromado: umas meninas queimadas de sol passavam, lentamente, montadas em suas bicicletas prateadas; ia a passo descansado um senhor de bermuda levando na coleira um weimaraner tratado, de língua de fora; havia um grupo de patinadores — movimentos curtos de listas coloridas; no fundo, dois barcos de velas amarelas escorregavam. Tudo isso no mesmo ritmo e peso do calor.

L. M. colou de novo na traseira do Volkswagen da frente. zw 4455, zw 4455, zw 4455, ficou repetindo mentalmente, como se fosse uma informação preciosa, que não podia esquecer. A fila da direita desenrolava devagar as rodas. Dava pra medir pelas circunferências os pedaços de chão que se ganhava. Devagar, devagar. Dos tetos daquele mar de carrocerias se desprendiam correntes de vapor, que subiam brilhando. Veio vindo um borrão misturado ao vapor, ia ficando mais nítido, transformou-se num guri sem camisa que abanou o Globo na cara de L. M., perturbando a ordem das correntes brilhantes em ascensão.

Outras manchas circulavam agitando folhas de jornais enquanto L. M. colocava o seu no banco ao lado, num movimento que começou lento e terminou inesperadamente rápido, para ligar a chave, que era a sua vez de avançar, e incluiu ainda uma leitura de relance de uma manchete qualquer sobre assassínio na metade inferior da primeira página.

Não é difícil matar um árabe nessas condições, pensou, já na subida do viaduto sobre a avenida do Humaitá. O carro parou ali, inclinado, e se podia ver lá embaixo o tráfego pesado de muitos caminhões e ônibus empoeirados e, por isso, de uma cor só, incerta, apenas mostrando de vez em quando uns números grandes, bem desenhados. Quando abria o sinal embaixo, se ouvia um arranque geral, ensurdecedor, bilhões de dentes e grades rangendo, rolando para se encontrar e colocar alguma coisa em movimento. Mas como o trânsito lá também estava parado, essa arrancada acabava em alarme falso, logo em seguida reduzida em decibéis: ficavam só os roncos abafados, em uníssono, uma respiração regular, apesar de impaciente e contida.

Distraída e desajeitadamente, pela falta de espaço e para não investir muito em um ato que logo teria de interromper, L. M. folheou o jornal registrando umas fotos de desabrigados das enchentes e, da seção de cartas, o negrito dos nomes dos remetentes — Darcy Cardoso, Leonam P. de Matos — umas letras mais gordinhas do que as outras. Num gesto casual, mas com uma certa expectativa remota, levantou os olhos para ver se o trânsito andava, e só teve tempo de dar a partida, pois os carros imediatamente à frente já se moviam. Lá estava a boca cavernosa do túnel, sugerindo refrigério. L. M. esperava com paciência a hora do prazer, sentindo, com a aproximação vagarosa, a delícia da pedra fria. Quem sabe se passaram dez minutos inúteis nessa espera, posto que ali dentro da terra era tão quente quanto fora. Os ventiladores holandeses voavam como aviões e a rocha pingava água, mas sem trazer alívio. O ar abafado e úmido se misturava ainda à gasolina queimada, engrossando os ruídos, ainda intensos, mas surdos.

O pensamento de L. M. mergulhou nas poças do chão — a água, misturada com óleo, devia estar desconfortavelmente morna — e, de súbito, tomou a decisão que vinha adiando, já há algum tempo, difícil de se medir. Ia sim, ia até lá.

Ia hoje, ou melhor, agora mesmo.

Iria, rodando ligeiro sobre a ponte, altíssimo acima do mar, porém em segurança; acima das duas cidades na bruma começando a acender as suas luzes.

Planícies costeiras, luzes tênues e sons provocantes.

À noite esfria e nos sentamos na calçada, no escuro. "Os astrônomos do espaço profundo interessam-se em ir mais longe, alcançando as outras galáxias." É bom ouvir as vozes dentro das casas e o barulho do mar, mais longe. É a preparação da hora de dormir. As vozes vão deixando de conversar aos poucos. De vez em quando volta uma que parece mais alta, como se fosse sinal de que vão desaparecer muitas mais. Até que se ouve com toda clareza alguém passar assobiando no fim da rua.

"... profundamente infeliz" — e fumar demais ("eu também sinto às vezes, aliás mamãe também, nos pés, nas mãos, os pulsos ficam que parece que têm uma luvinha de ferro...").

De manhã o cheiro de café vem tomando a casa e eu sorrio. Deito na esteira, no quintal, ouvindo o vento fresco. Vem passando o jato. Abro os braços também. O céu, quando entra em mim. Gilda mexendo com panela. Fez bolo pras amigas, está esperando esfriar pra cortar em quadradões. O rádio ligado lá dentro — a voz do Nelson Gonçalves é triste, lembra uma casa pintada de laranja, ou de verde, sozinha, vista de longe, no meio do mato.

Elas não sabem se vão ver Sheila, a mulher gorila, ou se vão ao cinema, onde está passando Laranja Mecânica. Dona Armandina perguntou: laranja? Cruz-credo.

Dona Armandina se preocupa porque fico na cama. Não acredita que me dê felicidade deitar no lençol passado a ferro. Fica repetindo: que coisa! essa criatura enfiada no quarto olhando pro tempo! Vai com elas pra rua, come uma pizza, toma um sorvete, aproveita a vida!

Não via nada além das luzes dos freios de muitos automóveis, pontos, pontinhos inseguros vermelhos ou amarelos. Pela primeira vez em muito tempo pôde engatar a segunda e rodar. Saiu de um túnel, atravessou, de cara franzida, um clarão, entrou em outro. Aí estacou e retomou a marcha lenta. De onde poderia essa pessoa — Darcy, era mesmo Darcy? — ter tirado tanta delicadeza? Atrás buzinavam com fúria, à frente, a fila se distanciava. Mais que depressa... supunha que morasse numa cidade pequena (uma cidade de praia, de vento, chão de areia) uma vida solitária, e então tivesse escrito ao jornal — que coisa espantosa — (para se chegar lá, estradas de pó, ressequidas, a folhagem dos lados coberta de terra, se confundindo com...) uma carta humilde, querendo compartilhar — deu a partida — seus sentimentos mais delicados.

Talvez aquele desejo fosse irrealizável. Que desejo era? Coisas irrequietas que se misturavam. Às vezes, era levantar cedo e tomar café numa xícara desenhada, olhando de alguma janela uma luz tênue, em total paz, um dia crescente de promessas adiante. Olhar dessa janela, por exemplo, dunas de areia. Dunas compridas, virginais, com tufos de capim fininho e verde-claro. Que nada as interrompesse, nenhuma casa inacabada, tijolo à mostra, nenhum canteiro de obra de grandes empreendimentos, nenhum outdoor, nenhum sinal luminoso. Ou seguir aquelas plantas duras que crescem na beira da praia, que se prendem à areia por uns cabelinhos mínimos e de repente dão, em oferenda, umas florinhas lilás.

Muita nostalgia, raridade, um sofrimento à toa. Por que não ver a beleza assim: um edifício muito mais alto que a serra do Mar, circular, todo aceso, à noite? O néon das fachadas tremelicando, colorindo, marcando linhas de avenidas curvas. Os vidros dos apartamentos refletindo infinitamente os vidros dos apartamentos, emoldurados em metal luzidio. O asfalto no calor, soltando ondas, feito aura, anjo. Os automóveis langorosos, ancas, lombos. Por aí afora.

Era, às vezes, imaginar um caminho na montanha e seguir por ele com pés de ar, para sempre, mesmo se fosse por uns minutos. Embaixo, poderia estar um vale, sulcos de vale, bois quadrados, cheiro de cocô de boi, ou o mar, uma geleia compacta, séria, que não permite a nenhuma de suas partículas que se desprenda de si, fazendo grandes e tensos esforços nesse sentido. Mais do que ver uma figura longínqua dando adeus do alto, agradecer.

Se ao lado dessa figura, amá-la, pela contenção da sua forma querida, nela própria contraída, a carne apertada, atravessada de correntes quentes, coberta de pelos e de maciez. Quem estaria lá, a acenar?

Era o amor, tecido de paciência e de reconhecimento, arrancando folhas de um caderno escolar. Na primeira página dele, há muito tempo, estava escrito, com letra redonda, em tinta azul lavável: Paixão e Arrebatamento. Como contact, aquele papel plastificado, autoadesivo, que se usa para forrar prateleiras, que se puxa lentamente, para não rasgar, e descola de um outro papel liso, protetor, vinha o Amor se descolando do Amor, firme e suave, retirando camadas de sonhos.

Ou era o que faz chorar, quando se lê um jornal; uma notícia que envolva muita gente, alguma coisa sobre uma injustiça; mas não bem isso, folgar roupa, a vida da fábrica, no tempo da borracha alta; "cavalo", recebendo as forças cegas da sociedade e da natureza. Põe a pata de leão em cima do meu peito e olha em volta, em triunfo... me penetra e o Mistério, a Verdade. Nas horas vagas, compreender melhor.

Já não sabia bem. Tinha mesmo lido uma carta. Tinha mesmo alguém que pedia palavras, contribuições para sua coleção. Seria uma mulher.

E ela gostaria de pintar as unhas de vermelho. Enquanto escrevesse as palavras no caderno ia prestar atenção nos dedos de pontas brilhantes segurando a esferográfica e sentir prazeres conflitantes. Viveria à beira do mar, numa cidade pequena — uma vida solitária, para se chegar lá, estradas de pó, ressequidas, uma casa pintada de laranja, ou de verde, sozinha, vista de longe, no meio do mato — acompanharia procissões de uma igreja a outra, com contrição. Inicialmente, L. M. se dispunha a considerar que a contrição de uma pessoa que colecionasse palavras devia ser de uma espécie diferente da contrição das outras pessoas que seguiam a procissão. Mas lá ia um homem em silêncio, olhando para um ponto fixo bem na sua frente entre os seus dois olhos.

Era um matemático. Ensinava na escola da cidade. À noite bebia. Os pescadores ou operários da fábrica tomavam cerveja, jogavam sinuca, sentiam pena e um pouco de vergonha dele. Quando tinha alguém no bar que não o conhecesse, iam explicando: coitado, é professor, matemático formado, mas quando bebe fica assim. "Assim" era falar de um mundo de ordem: conheci Fulano. Era um homem bom e honrado. Você não conheceu dr. Fulano? Insistia, incrédulo. Os bares fecham e o professor dá na praia, vê os fogos que se acendem na areia e na água também, ouve o som das ondas, forte, ou então leve, volta pela rua escura, assobia, anota frases. Guarda os papéis amassados com cuidado junto com o pente no bolso de trás da calça, fechado por um botão. "Os astrônomos do espaço profundo interessam-se em ir mais longe, alcançando as outras galáxias" e nas horas vagas, compreender melhor.

Não era um matemático nem uma mulher e esmalte. Era uma figurinha de contorno esfumaçado, caminhando na parte brilhante da areia, que o mar molhou. De mais perto, era uma figurinha de cabeça baixa, procurando na lista mais escura dessa parte brilhante da areia, a mais distante da água, os restos acumulados trazidos nos fins das ondas. Garrafas de plástico verde em que se vendeu água sanitária, é o que mais tem, pernas de bonecos com os dedos dos pés enegrecidos, braços de bonecos, cabeças de bonecos, olhos pintados de azul, um risco negro varando o azul em duas semiesferas, olhos furados, uma estrela-do-mar — a ponta partida, que pena!, uma estrela-do-mar intacta, pedrinhas, conchinhas, conchas maiores, de mexilhão, entreabertas, conchas menores em forma de castelos, agarradas nelas, umas sobre as outras em desespero, pânico de se desunirem, trapos de algas, aqui só um fiapo, ali um molho, metades de peixes, o olho duro, a boca em ponta de flecha ferindo o bem-estar, montículo de espuma suja, petrificada, sem onde acabar, laivos de forma incerta, de existência incerta, uns riscos, fios de sal, de luz, faíscas de faróis, brilhos rápidos, alguns mecânicos, setas, luzes de freios, repetidamente, o túnel em ogiva, quase um triângulo, uma tenda de pedra escura, abafada. O ar cheio d'água, devia ser por isso que os sons dos pneus na pista úmida ou das buzinas se interrompiam e só depois, de alguma coisa, vinha o resto deles mesmos, separados em etapas, em sinfonia. A figurinha sentou-se. Catucava a areia com um pau, ciscava. Lá um siri seco virado, sem recheio na barriga quebrada. Por trás haveria dois pontos negros, duas passas de olho.

Era uma figura de contorno esfumaçado caminhando dentro de uma nuvem branca, colecionando palavras à beira da possibilidade. O vento tem uma boca grande onde cabem muitos dedos; quando assobia sai um uivo forte e outros menores, simultâneos; vindos de muitos cantos, em sofrimento e vigília. Dentro de sua nuvem, sobre uma pedra alta, revestida de vegetais pontudos, sentava e escrevia, apoiada nos joelhos dobrados, em folhas de papel. O céu, quando entra em mim. O vento não faz voar esses papéis.

Engatou a primeira e avançou alguns metros. Pela janela não entrava vento nenhum, mas só a cidade mais bonita do mundo: às vezes parecia pequena.

Não era uma cidade pequena, para se chegar lá, de toda parte, motéis onde amantes se encontram, motéis em forma de torre, cobertos de ladrilhos, casas laváveis, até o teto, com esculturas de guerreiros, elmos, escudos, esculpidas no muro, na parede rosa-shocking, azul-turquesa, azul-piscina, hotéis com TV a cores, com garagens defendidas por toldos de babados, dentro delas os automóveis, suas placas e seus donos, protegidos das cobras, dos insetos, do telefone, do sol e da chuva. Bananeiras, postos de gasolina, homens de pé derramado e de sandália havaiana, restaurante rodízio com vinte e sete pratos diferentes no almoço: arroz, feijão...

É um homem de meia-idade que foi da Marinha e mora num treme-treme de sala e quarto e kitchenette com duas mulatas; uma trabalha de dia, a outra de noite. Entre o sofá-cama e o guarda-roupa de três portas tem um espaço de quinze centímetros, geladeira, vitrola, televisão. Ele quando sai tranca o armário e leva a chave senão elas tiram tudo, dinheiro, sabonete. Domingo ele cozinha, arroz, feijão, e deita no sofá de plástico, coça os pelos do peito sem camisa, ajeita o saco, escreve frases na margem do jornal.

Versos, palavras de amor. Uma colcha de retalhos, ou melhor, de tirinhas de retalhos. Uma dessas tiras, comprida, cor-de-rosa clarinho, quase se confundindo com o branco da tirinha vizinha. A cesta do pão trançada pelos índios, a palha, uma das tiras, só uma, tingida de vermelho, vermelho descorado, fabricado com resina de alguma árvore. A resina, a árvore, os índios, a mulher que costurou os panos um a um, à mão, e pendurou num varal de bambu lá fora na frente da casa na beira da estrada para alguém passar de carro e comprar. E também o ressentimento, quis falar e a pessoa não ouviu, a grande separação dos corpos, a incompreensão, as pequeninas fundas incompreensões, uma alma delicada, um silêncio, outro, muitos silêncios que se aprende a fazer. Esses silêncios que são mistura de medo com sabedoria. Um silêncio que é como respeito. Como é respeito? Medo de quebrar uma caixinha. De vidro com uma linda bailarina dentro, que dança, que solta música, uma música enjoadinha, assim: plim, plim, plim, mas que todo mundo deseja. O brinquedo, uma bailarina de louça de olhos semicerrados, completamente indiferente, girando em volta de si, em cima de um lago de espelho e de esplendor. Uma perna rija, um saiotinho de filó salpicado de purpurina azul e verde — lembranças da praia Grande, faz algum sentido dizer que são oitenta quilômetros de praia, faz algum sentido dizer que o mar é verde e azul. E põe a pata de leão em cima do meu peito e olha em volta, em triunfo? — faíscas de faróis, brilhos rápidos, alguns mecânicos, setas, luzes de freio, repetidamente.

    Rodando ligeiro sobre a ponte, altíssimo acima do mar, porém em segurança, acima das duas cidades na bruma começando a acender as suas luzes tênues e provocantes, ia. Chegando, trazendo, entregando, se contribuindo de joelhos. Bateria, escutaria, encontraria, tentaria de novo, a porta, uma mulher, viria, ouviria, de esmalte sobre um lago de espelho, atrás dela vinha um homem de meia-idade e insistia, incrédulo — então não conheceu dr. Fulano? A porta estava fechada e alguém perguntava quem é. Era o Amor, tecido de paciência e de reconhecimento, a cesta de pão trançada pelos índios, a palha, o pão, o pão, ficou repetindo mentalmente. Pão. De pé à porta L. M. chamou — Darcy! Leonam! — a lata fervia, correntes de vapor, que subiam brilhando. Veio vindo um borrão misturado ao vapor, ia ficando mais nítido — Darcy! Leonam! — L. M. chamou gemendo, chamou com mais força, chamou com cansaço, com alegria, em oferenda, umas florinhas lilás — "it's a long and winding road" — disse, sem fôlego, trouxe palavras para você.

    Agradecimentos: Alba e Jorge Artur, Clara e Alexandre, Deise, tia Ecyla, Hely, D. Maria, Léo Laniado, Marina e Laerth, Marília, Mônica, Samora e Alex.

Caetano Veloso, Célio, Cildo, Jorge Medauar, Jorge Vieira, Nelson Augusto, Robbe-Grillet, Sérgio Correia de Vasconcelos, Virginia Woolf.

O outro retrato
(1982)

To Y.

um raio, por mais fino que seja, nunca pode atingir uma largura nula

Espanto. Só vendo o outro. O Outro ri. Acende um cigarro e quase fecha os olhos. Quando os semiabre, sorri. Ri de novo. Faz um gesto largo com as mãos — se vê bem as palmas em onda. Pode ser um gesto que queira imitar o descaso. Uma coisa sem importância dizem as mãos perfeitamente. O outro fala e todas as palavras saem corretas. Nada seria mais exato. Toda a frase se completa a si mesma. Cada sílaba condiz com a outra, nenhuma secura no lábio, nenhuma rouquidão. Nenhuma interrupção ou reticência, não há segunda intenção. O som do riso é tão claro. Podia com certeza quebrar um copo célebre, de cristal.

O Outro conta um caso, uma história, fazendo pausas nos lugares certos, levantando o desejo de se saber e então, o que acontece, como vai terminar a sentença, que interjeição vir, onde estará a surpresa, o que é que vai lhe fazer cortar, fingir que vai cortar, a respiração... O que vai lhe inflar as narinas, o que afinar os lábios, balançar um cílio — e chamar a atenção para o seu perfil tão reto, e de bem mais perto a penugem, luz. A maça do rosto, quase ângulo, de repente plana: o Outro se vira de frente e ri.

A sua cara é redonda.

O Outro se levanta e caminha sem embaraço. O movimento está de acordo com a voz e o olhar, não há o que traia um desconcerto. Cem observadores não bastariam para fazê-lo pestanejar.

A história era assim: eles eram casados, cada um arrumou um emprego em São Paulo e ela foi na frente preparar o lance. Aí ele ligou daqui pra ela e disse que tava de saco cheio. Que não ia mais e também não ia mais morar com ela.
Assim: mulato, de pernas grossas e curtas, vendendo suco de caju e maracujá.

O Outro ri e abaixa de leve o rosto como se fosse enrubescer, se isso pudesse acontecer. Mas essa cena não é mentida mesmo se o Outro sabe que não enrubesce nunca. Ao mesmo tempo em que abaixa o rosto lentamente, lentamente levanta os olhos; faz tudo com muita graça, mostrando a graça que tem.
O Outro ri e abaixa docemente o rosto, logo a seguir levanta. Repete mais vezes para que se possa bem ter ideia de como é que as coisas se passam. Em nenhum momento quem o vê se cansa de vê-lo.
O espectador apoia o rosto no cotovelo e o cotovelo na tábua da mesa e vê. Uma vez, duas. Quer ver mais. Quer só ver.
Ela entra e recita "um arquiteto sonha coisas claras", sai andando para trás, a cada dois três passos dobra o joelho e se inclina para a frente sorrindo e mandando beijos nas pontas dos dedos. Sai andando para trás, para trás, para trás, manda um último aceno, um último beijo, a cortina treme, as dobras dan-

çam, empurram umas às outras e vêm voltando à calma, sempre se empurrando pra lá pra cá mais e mais devagarzinho. Em algum momento transfinito vão se acalmar de todo e ficar completamente cristalizadas, saias de pedra de Antínuo, panos que caem dos quadris de Vênus. "Deusa da formosura, do amor, dos prazeres"; mulher formosíssima, o mais brilhante dos planetas, Vésper, estrela da tarde, estrela-d'alva, estrela do pastor.

Guia! Leva onde se possa ver, longe. No alto, no mato, no íntimo. A pique, por cima do mar.

"Dae-me uma furia grande e sonorosa,
...
... de tuba canóra e bellicosa
Que o peito accende e a cor ao gesto muda..."

Era assim a história: a velhíssima e pequenina freira espanhola que recortava papel vegetal para fabricar marcadores de livros. Desenhava sóis amarelos cercados de raios com a inscrição JHS no centro, e flores e folhas, e escrevia com nanquim numa letra muito fina, de extremidades e maiúsculas soltas no espaço, a caligrafia da exaltação, Meu Senhor e Meu Deus.

Agora se descreve o "Meu Amor por Você".
"O meu amor por você é a linha mais reta na minha vida. A linha mais direta. A mais contínua. O

meu amor por você é a total devoção ao Amor. Passo muitos dias pensando se já se passaram suficientes dias sem eu lhe falar. De manhã com o cheiro forte do café, à tarde à janela envolta em luz especial, à noite ouvindo o mar bater, desejo você, e me contento de não lhe ver, só desejar. Essa é minha alegria. E correr no mundo paralelo a você, existir no mesmo mundo, ouvir dizer que você cresceu, casou, mudou..."

"O meu amor por você está nas minhas mãos. Eu tomo você nas mãos. Eu passo as minhas mãos pelo seu corpo todo. A sua pele se estica e se enruga e o seu cabelo escorrega. O seu cheiro é um cheiro do amor escuro e concentrado."

Amor número 3: "o filho do nosso amor vai ser uma linda criança com nomes possíveis. Beatriz, João Antonio, Maria Clara. Nós vamos olhar ela crescer".

"O fruto do nosso amor é ele mesmo fruto. O meu amor por vocês é intenso e dolorido, árvore de retrancas, carrancas, marchas e contravoltas, idas, idas. Não é o vosso amor por mim. É uma vara magra ao vento recebendo sem defesa o vosso amor.

O vosso amor fustiga."

"O meu amor por vocês é impiedoso e desigual. Nem sempre dá de beber a água boa doce. A mesma mão do par de luvas que é o meu amor por Mim."

Invocação

Que as impurezas contaminem a fala. A perfeição precisa delas.

Aqui é a terra das citações, um terreno movediço. Areia movediça, terror da infância, quem depois a encontrou? Aqui na terra segue-se a felicidade. (Cápsula dedicada ao amor número 1.)
"Porque mujer te vi,
a la orilla del mar,
tu dulce languidez
me hacía suspirar"
(Daqui em diante se pode citar ou não.)
"Y aquel dulzor sutil
de mi ilusión fatal
a la luz de la luna
lo viste naufragar"
(Volta trecho indispensável.)
"Suspirar suspirar me hacía suspirar
Naufragar naufragar"

Isto é alegria de viver. A verdade existe. Há muitas coisas que só o tempo dirá. Só o tempo saberá dizer. Bold like beauty, por exemplo, já se pode dizer. Alguns amores, então, completaram: — por favor, não esqueça, a impureza para a perfeição.

Mais uma vez o Outro agradece e sai. Com o cabelo cortado rente na nuca, quando abaixa a cabeça em sinal de agradecimento, de trás do pano se vê aquela parte franzina do pescoço, que pede. Sai e é aí que explode o que continha. Feliz, expectante, hesitante, receberá cumprimentos? Autênticos, apenas cordiais e apenas necessários? Então se senta sob as fortes luzes do camarim de olhos parados e se concentra para não lembrar. A maquiagem derrete. Limpa com algodão. Mais gente à volta tira vestidos e cílios. Limpa com algodão molhado. Vira de um lado, por cima do ombro, vai dizer alguma coisa, entreabre os lábios, vem um sopro, não diz. Só diz se alguém viu, um Outro, suando debaixo da lâmpada, escorregadio, lustroso.

— Que foi?

— Nada não.

O outro cantarola "suspirar suspirar".

Terceiro ato, aliás gesto: som de palmas, desta vez são muitos, de mãos dadas, e todos se curvam até o chão habilmente, humildemente, heroicamente, orgulhosamente. De um lado, muitas curvas tensas de vértebras arqueadas, de outro, olhos no chão. Se o chão tivesse olhos, em vez das ripas compridas, luzidias; ou seja, as ripas compridas luzidias do chão veem as pupilas dilatadas de prazer, orgulho, timidez.

Mas no camarim o chão é de linóleo verde. Ali ficou perdida uma pedra de matéria plástica imitando esmeralda, com os furos de se pregar ela no vestido e ela brilhar. Alguém viu o pisco dela e se abaixou pra pegar. Um osso estalou. Levou para casa guardou numa lata de bala. Lá dentro já tinha uns alfinetes e duas sementes lisas de fruta-do-conde. A esmeralda então ficou nessa companhia.

Ah! E quando eles se davam as mãos uma coisa muito importante eram as veias. Nessa hora, acenderam-se as luzes, mas mesmo assim não se via bem.

As veias das mãos e dos braços deles entumescidas, protuberantes, marcas grossas e azuladas.

Uma história era: estava com insônia, com dor. Ele dormindo do lado de repente deu um pulo na cama, um susto nela, falou enrolando a língua do sono, "você já tocou, am, am, um", deitou e dormiu. Era a véspera da estreia, ele ia tocar clarineta. Ela disse em inglês stage fright, enrolando a língua.
Acordou de repente, tinha uma alma do lado dela. Do ladinho. Nesse dia tinha feito tudo para dormir sozinha em casa e não ter medo. Mas ainda não eram onze horas e já estava de pé com o pesadelo. Andava pelo corredor de uma casa estranha e ouvia a voz da neta dizendo vozinha vozinha.

Ninguém sabe como agir. Tudo durará 45 minutos. São 45 minutos de silêncios e volta e meia alguém puxa o assunto, o assunto morre. Vamos falar das mulheres nesta sala. Mulheres, falem. As mulheres se sentem inibidas. Não têm o que falar. Por onde começar? Uma mulher disse assim: "mulher é diferente". Um homem disse assim: "homem também é". Ficamos nisso mais muitos minutos. A sala está agitada de nervosismo. Alguém lê um poema que fala em Salomé. Vamos aprender na marra a estarmos juntos todos nós diferentes. Muitas mulheres são como os homens. Muitos homens são delicados. Todos dois sexos fazem trabalhos forçados e folgam. Uma pessoa leu o que escreveu num ritmo rápido, música ligeira. Com outra o papel tremeu e foi especialmente difícil pronunciar a palavra perspicácia. Entre todos os atos houve muitos silêncios. Um disse vou embora. Todos riram e se ouviram dizer vou embora. Ele não foi nem mais ninguém foi embora. Todos permaneceram juntos em mais silêncio doloroso. Depois permanecemos juntos falando dolorosamente. Procuramos o fio da meada. Só se queria o fio perdido, procuramos, procuramos, não achamos (. Ele estava) ali mesmo naquelas coisas bruscas. E no poema tremido apareceu a mesma palavra Salomé.

O Outro entra e vê gente conhecida, se aproxima, dá uns tapas aqui, ali, nas costas de quem está de pé, nas coxas de quem está sentado. Tapetinhas, soquinhos. A mulher dá dois beijinhos quando entra e sai. O homem passa a dar, um dois três beijinhos na boca.
    Os ares estão saturados. Ar de medo, ar de incerteza. Vai gostar? O homem e a mulher estão com medo de se apresentar. Então deu no horóscopo do jornal, alô, leão, cuidado com a vaidade, virgem, ai, ai, ai. Signos em geral: a perfeição não é deste mundo.

Os olhos de Nossa Senhora Aparecida são somente riscas brancas e ela vê longe, passa por nós, vai ao além.
    "Só sei repetir
    quero te amar
    ...

só quero ser tua,
mãezinha do céu."

O forro do altar é papel de embrulho estampado de rosas. O papel colado sobre o vidro, o que dá transparência às flores. Por cima do papel vem a estampa de Santa Bárbara, uma das mãos no cabo da espada, a outra oferecendo um cálice.

"Não quero mais desejar. O que me impede de meter o dente na carne da sua coxa, esta, que está mais perto de mim, e que vejo de lado, a lápis?"

De dentro do cálice sai um brilho indisfarçado que é o corpo de Deus, em torno de uma hóstia branca. Em torno da cabeça de Santa Bárbara também tem brilho. Ela é muito nova e tem sobrancelhas bem-feitas. Está coroada, uma coroa de tijolos de ouro. Uma blusinha branca virginal, por cima um vestido de ramagens. Mais por cima um manto impossível, cinza e azul, preso com um broche. Esse manto também é uma das mangas e se enrola de forma incompreensível.

"Na sua pele ínfimas áreas sem querer sombreiam outras também ínfimas. A mim só cabe olhar. O emaranhado de quase invisíveis atalhos mais claros por onde o suor vai preferir correr, se correr, e se é que se chama correr o tremor de um líquido que mal formaria uma gota se pudesse ser recolhido, líquido que não chega a se liquefazer, que evapora antes de existir, mas deixa seu traço, por mais tênue, forma um mapa de pequenos municípios demarcados. O sol e o mar trabalham essa topografia microscópica."

A cabeça de Santa Bárbara está levemente inclinada para baixo, mas os olhos voltados para o alto. Olhos azuis, cabeleira castanha repartida ao meio. Traçado exato.

Tudo se passa no céu, que é o único fundo.

"E as nuvens de sal sólido pela lente íntima aparecem esgarçadas, teia de ameaças e tempestades que se prende e deve a existência a um e outro pelo transparente.

Manchas vívidas em nuances de rosa e carne impressas a fogo e carícias na pele do peito.

Os seus próprios ossos cortando a passagem do ar pela garganta — canso de imaginar a minha boca a se esfregar sem qualquer delicadeza a lhe obrigar a atirar para trás os cabelos e quase sufocar. Os seus cabelos para trás, para trás, roçando o meio das costas, antes frios, arame, metal, depois embaraçados, grudentos, salgados."

A nossa língua e os seus tons prometendo todos os jogos, diz cacau, capim, icatu — água boa e doce.

Ouço o barulho do mundo.

Diz "brinque, desrespeite e humilhe, tire toda a dignidade, exponha, abuse de mim".

"Quero tocar os seus braços. Tocar não é o termo. Quero comer, incorporar."

(Passa voando a palavra cantada.

"Ela há de rolar como as pedras que rolam na estrada...")

Cio ferve, vermes, bilhões mexendo, vermelho fechado e vivo como só vendo por dentro o corpo humano.

Tudo o que se sabe não serve, nem o acúmulo dos anos. As células correm de um lado a outro desordenadas procurando um comando, uma ordem, que resolva a questão pendente. Cada nervo rejeita o impulso que lhe chega e o manda adiante, procurar noutro lugar. Cada impulso bate numa parede intransponível e ecoa e se multiplica. São cada vez mais mil correntes tontas a desafiar mais mil. Não há lugar de sossego, mas só movimento desenfreado. Faíscas, pequenos raios nervosos velozes sem descanso jamais.

A arena onde o balé continua toma uma forma diferente. Os dançarinos juntam-se e separam-se, e os tons das suas roupas colaboram com o movimento. Primeiro um tentáculo, uma glândula, vulva, fole que engole e vomita, aspira e devolve. Uma chaga, uma grande ferida, e agora as bordas dela vão se escurecendo numa crosta, pendendo para fora, como a transbordar — uma questão — vão se endurecendo, parece, secando feito casca, sangue pisado.

Enxame, tumulto. A chaga se desfaz num oceano de bolhas grossas a escorrer lentamente coladas umas às outras em cascata. Demoram cinco mil e cem anos para chegar à beira da arena.

Então a plateia pode ver melhor. Um derrame gorduroso segregado por número sem nome de poros.

Não perfazia uma gotícula e eis que se encantou no grande ovo e explode os caminhos em violência de enxurrada, arrasta colchões.

Os ombros das formigas que carregam a folha seca doem. Estão em carne viva. A folha seca anda em balanço de geleia. Não existe mais consistência comprovável, expandiram-se as fronteiras. A pessoa morde. Estala a carne tostada das formigas. A pessoa ouve dos dois lados nas têmporas, o som amplificado. Toma mais um gole do aperitivo gelado. Crocante, salgado — também dos dois lados da língua fluem filetes de água ácida. O crocante se transforma em pasta. Cola no céu da boca. Nunca mais se tira a languidez dali, puxa-puxa.

Os dentes criam limo e esse limo vira aresta. A língua passa e vê — crocante, irregular. Assim aparecem as coisas comuns que existem entre os adjetivos. Assim aparece o que existe em comum entre um e outro adjetivo.

Um curso explica cientificamente por que tal forma combina mais com qual volume, textura, sombra, densidade ou cor. Ciência do agradável. A sabedoria vem vindo no lombo do jegue pelado, chega perto como o que chega perto e abaixa os olhos em resignação, sem vontade de interferir, com calma, irresistivelmente, queira não queira. O jegue abaixa o pescoço e olha pro chão, os vasos que contêm os olhos aquosos cortados oblíquo plagiando certos insetos veem poeiras acumuladas e compactadas, só as mais de cima são mais soltas, e sobem, flutuam por instantes, se ele arrastar o casco.

Então o Outro sorriu escandalosamente. Não havia volta atrás. O papel do convite imitava linho, tipo sem serifa, muito limpo, muito direto:
— Vamos ser Um?

Todo o quarto muitas vezes multiplicado nas paredes de espelho de pelúcia roxa na luz roxa da lâmpada de metal. Chão, cama circular e móveis unidos cobertos por um único tapete de pelúcia roxa; de fora, despontando dos buracos sob medida cortados na pelúcia, só botões, de ligar o ar, de ligar o som, de chamar o garçom.
"Na luz roxa não conheci seu corpo. Pensei que fosse eu."

Rio de Janeiro, setembro

1. H.
2. Carmem Gadelha
3. Gilberto de Oliveira Kühner
4. Ana C.
5. Ronaldo Macedo
6. Cristina Braun
7. Lucia Melim.
8. Eudoro Augusto.

9. Cristina Maria, com muito gosto.
   Helyedith G. Pereira
   Paulino A. A. Pimentel
12. [ilegível]
13. Marina MacRae
14. [ilegível]
15. Yvonne Maggie. Um beijo.
16. Ecyla de Araujo do Rego Macedo
17. ᴅᴀCavalcanti
18. R. Santos. ᴀ ᴍᴀɢᴀ é ᴍᴇʟɪᴍ.
19. ɢʜCavalcanti
20. [ilegível]
    Ma Rem Aradhan (de uma folegada!)
    Ricardo do Canto
23. Michelangelo C. [ilegível]
24. Mônica Ramos
25. Val Carvalho
26. Armando Freitas Filho em 25 de maio de 1995!
27. Alexandre A M [ilegível]

Fogos juninos
(1984)

Fogos juninos

> *Como um cheiro do céu, na muda noite*
> *Errava da ipomeia da montanha*
> *A peregrina essência delicada.*
> Alberto de Oliveira

Primeiro o cheiro
do jasmim.
Entrelaço.
Trepa, atinge a altura, se espalha no ar e toma o
                                            [mundo
e dá
essência
prazer.
Ah, maçã
a sedução.
Firmes, transparentes bagos entre os dentes
prestes a espocar
sangue vivo
a pena contido
em bolhas na romã.
Então
as flores do meu campo
verde
minado.
Cada passo anseia o chão
o certo no chão
a umidade boa, fria
que nos faz

faz as frutas
a casa que é o chão.
Mas de cada passo salta uma explosão
um tiro
uma chuva de lágrima.
Sorriso é grito
lancinante
olho é buraco, a soltar choro
ou secura
ouvido violado, tímpano rompido
braços cortados, cabeças.
Aí incêndios, tropel
além silêncio
montanha de cadáver.
Fogo, fumaça.
Por cima o céu azul e limpo.
Aqui, tão amado, tão bonito
o menino abre as mãos
estende o presente
nas palmas
por sobre as linhas da vida
orgulhoso, satisfeito
sério:
granadas.
O futuro são granadas.
Você é menino
súplica
no soslaio que inclina
de baixo pra cima
diz
— (me aprova)
quero ser feliz.

Poemas
(1987)

Revelação celeste veneno mortal

Mata
a tua lança,
falta,
força.

O fogo
de desejo
me arde.

Marte
brasa de qualquer língua
apaga
pelo amor de deus
a chama
encarnada.

Ainda que toda outra luz se acabe.

Corajoso como a beleza

Mesmo à sombra que faz a sua falta
me sobra um sol
pequeno
a aquecer minhas só minhas também pequenas
flores delicadas

minhas só minhas
só

por isso posso
oferecer —

eis-me
plantando firme
e audaz.

Tem tempo a guerra começou — ouço
os disparos roucos
sinto DOR
de bala que vara
o fino cristal
mas fé não sente susto
é grande o futuro e glorioso: apontam
olhos que confiam
e estrondos.

E saudade, que não bate
para entrar
(quem explica)
que invade
feito cheia arrasa
o precário canteiro
do peito.

Uma vontade
da pele só um cura
uma vontade impele

amor tão alto.

Missão, míssil em voo reto — ouso
partir ao meio o ar.
A guerra começou tem tempo
o coração
combate alucinado
no ritmo mortal da sua beleza sempre nova
se arroja
na sua coragem.

Das duas uma

Para Ana C.

Uma das suas.
Suave lembrança ensina. Não vou morrer até o fim.
Der e vier de garras afiadas, dentes na mão.
Seu livro solta folhas enquanto leio um poema
                              [chupado —
você disse isso.
Mais doce na manga o coração: duas antigas.
Antigamente, eu me sentia mais nova do que sou.
Isto me faz lembrar outra frase à porta da igreja.

Esta casa qualquer coisa assim
aqui está para todos os homens.
To see, to rest, to pray.
E eu também nem nada.
Morri sem saber quem são os 3.
Mas os outros grandes... descobri! São
reticentes.
É você
que está ali de roupa clara sorrindo ou fingindo
                              [ouvir?
Alguns estão dormindo de tarde.
Coisa ínfima,
quero ficar perto de ti.

Homem

No verão se vê o amor
nos teus olhos líquido
debaixo de pelos ousados.
Triangulares
perfeitos peitos seguros
em riste embora apontem para baixo
onde a pele fabrica linhas paralelas
com a função de derreter o sol em várias frentes.
E mais abaixo o cheiro
de guardado — pequeno calor úmido
reveste formações macias
fofo tapete de folha
para sacrário — fruta
da brava floresta tropical que corta o sal da praia.

Is

Feliz.
Em paz.
Orós, para a seca.

Beleza
de letra.
(Poucas, pouquíssimas
palavras.)

Balé
pas de deux
eis.

Eu te amo

Para Y

A lagoa está parada
a mulher diz.
A lagoa.
Ancas. Cabelos.
E de frente,
cara oblíqua repuxada pelos nós dos dedos,
cotovelo largado na tábua.
Eu vi.
Pontas, fulgir.
Vou viver mais.

Esse santo na cabeceira
— Santo Antonio,
sem mãos —
essa luz

      vermelha
o copo d'água
as gotas

a fumaça

enevoando a prata, a porcelana

o lençol de flor
a manta;

as vozes lá
motor
o mar

no céu as nuvens esgarçadas passam devagar

nossa cama é um altar!

Um amor impossível

Para Márcia

Amanhã
este fogo cresce.

Amanhã, tremor.
Amanhã, suspiro.

Insiste
um amor impossível
amanhã.

Insiste,
sim.
Um amor impossível pode ser amanhã.

Mais dia menos dia
(1996)

Crente

Ocupo esta solidão
apesar da memória
dos outros
areia
esta vaga
transparência iluminada
à beira-mar
úmida pensão
por sobre a maresia
ocupo esta solidão
bainha em ondas da colcha branca de algodão
varal
atravessando a garganta
o cômodo
fio cego do punhal partindo o céu
a privação
no arame do cabide
nossos ódios e amores
pendurados
e as chuteiras
de porta em porta
esgarçada
o terno preto do crente
passado
puído
a bíblia preta do crente

o cabelo rente
pão duro
pai nosso
o tremor
os disparos
de um motor
de geladeira
verde-piscina
os mosquitos da fruteira
aonde vão, no escuro?
na minha cama
de dia
dorme um vigia
noturno
lanterna
lampejo
zunir
planar
ninguém me chama
mas eu vou
lembrança
eu nunca me canso
metrópole
o ar grosso me sustenta
as voltas graciosas do urubu
quanto mais lanças mais chances
de acertar
um
só
caminho.

3 de setembro de 1988

Mulheres

Para Rosa

*In the room the women come and go
Talking of Michelangelo.*

T.S. Eliot

Os meninos chamaram
lá dentro.
Botamos o talher
do jantar.
Na sala as coisas urgentes:
telefone, política,
TV.

Chegamos na janela
as duas
sem querer.

Em silêncio
cheirava o manacá
o pé de jasmim que ela plantou.

Agosto de 1987

Minha terra

Da minha terra ficou
o fosso
estas raízes no ar

desarvoradas
o tremor
buscando em vão.
Um tanque

frio
folhas escuras.
Rua sem praia

rio sem porto.

Surra de cinta
crista baixa.
O olho — azul da minha terra?
Os voos
da Varig. Cidades:
uniões, desenlaces.

Palavra na ponta da língua.
Nada é natal.

Dezembro de 1986

Limão irmão

> ... *o sabor*
> *De toda carne: extinção.*
> Dante Milano

O limão tomba
rola
para.
Então os poros da pele
que foi lisa
desde a juventude dilatados
chupam íntimos do chão a umidade
e ásperos espumam suor branco.
Troca.
É a terra que agora traga
a carne aberta
desesperada
do limão.
Gomos à mostra
podres pela metade
fermentam o laranja incandescente.
Ardem
no último e inútil combate —
resistir
ao enlace
fatal.

Toda cantiga tem o mesmo embalo
cadeira de balanço e almofada de veludo
grená
(a mãe da menina te manda matar).
Vira e mexe
rolo seixo no murmúrio
(mamãe volta já).
Greta
gorgulho
pau e palha que encalha
— e a água bole.

Nalgum poço de novo areia limpa
ralo, bola de pedra
já quase macia.

1992

Praça xv

Sua, sufoca
pulsa nervoso
o centro apressado
da cidade no verão.

A palavra amor tem capas
botas
rosas.
A chuva rega e escorre.

Na torre o clarão da maresia.
Eu sou macia
em boas mãos.

Desta abertura, oásis, prata
desta altura
nem brilha essa palavra tonta
encharcada
— nem precisa —
a água brilha, tranquila, ao meio-dia.

27 de janeiro de 1987

Próxima Centauri

Afastei-me
de vós, oh
estrela mais próxima, a vinte e cinco trilhões de
                           [milhas do meu sol,
ah mais próxima massa explosiva — finas
espadas de laser e dor.

Ah minha estrela, como eu suspensa
atravessada de lâminas e línguas
de fogo,
disforme, no entanto brilho, núcleo
indefinível inegável oh núcleo da luz.
Ó minha estrela dilacerada,
minha estrela de pontas,
Porta do céu, Estrela da manhã,
tende piedade de mim.

Ouvi-me
Sede sapientiae
Causa nostra laetitiae
Regina pacis
Centauro de Deus, que tirais os pecados do mundo,
atendei.

No peito

O pivete de óculos escuros
a comerciária
de pé inchado e sapato alto
o bacana de cordão de ouro
a madame mandona chorosa avoada
as varizes tortas da lavadeira
a carne branquela e sarapintada
dentro das bermudas dos aposentados;
suor azedo de ternos puídos
bijuteria
peitos caídos
o olho parado da empregada doméstica
a carapinha esticada;
chinelos de dedo
pés derramados
dedos que faltam nas mãos dos operários
bocas sem dentes
e mães sem fim
de unhas escalavradas
a reproduzir toda cidade do Brasil
atravessam
meu peito
e as avenidas presidente Vargas.

Álbum

Atrás do arame os ladrilhos
o verde baço do cloro
a piscina dos bancários
você de pernas cruzadas
passando creme
sorrindo.
O recreio coletivo
o descanso proletário
o minuto imortal
que a instantânea gelou.
O exame obrigatório
para entrar no paraíso
o banho com sabonete
o médico de plantão.
Não esqueço, está no álbum:
só com um dedo da mão
você me botava mole.

Trilha

Qualquer passo em falso
no poema
salta à vista.
Passo apressado
cabeça baixa
marmita na mochila murcha.
Larga o serviço,
pega condução.
Duro cerco
sangrenta tomada —
as baixas todas no caminho.
É impossível um poema oportunista.
Perna de calça.
O cetim roça na lama
depois do carnaval.
Enchente permanente.
Quem vê olha no olho do poema.
A pão e água
a penosa marcha.
As forças gastas.
       Vitória esfarrapada,
mas vitória.
Ninguém chora na rampa.
Ninguém escorrega no barranco.

A trilha aí
as armas
de nos fazer ouvir:
                    bazucas e palavras.

Com certeza

me segura
igual unha
meia-lua
cabelo mínimo
— pode voar
num sopro —
me segura pela cintura
as duas palmas macias
cala
aquela voz de longe, esguia
mulher cantando em alemão
a tela do rádio
bafejando com o som
aquilo cala —
não lembro se dormi
esta dor aqui, esta aqui
a mesma
— mola —
antigo martelo repetido o medo
me segura com certeza
para eu não
chorar.

29 de outubro de 1988

No céu cor-de-rosa

No céu
algo cor-de-rosa
ideia, ou melhor, cor
e não palavra.
Transparente, diáfano
mas tudo em cor-de-rosa
como um sol
mais delicado
que se ponha.
Coisa de gaze, de filme
celuloide
coisa de alga
de água-viva
mas cor-de-rosa
e ligeiramente cintilante
feito sapatilha
de bailarina
— sem ferro, sem bico
nada de ponta.
Tisnado, ramagens
sombras, porém claras
manchas esgarçadas
nuvem, algodão
flocos, pedaços, mas sem dor
sem ruptura nem separação.

Um todo assim
naturalmente viajando em blocos
lentos
ora se unindo
ora se afastando
sem trauma algum.
Uma fita de cetim
no cacho da criança
mas sem contorno nem laço — só o rosa.
Um jardim
que é amor-próprio humano.
Peça íntima — lavanda
flor de laranja
mas livre de gaveta
prego, prateleira.
E o rosa
não é de rosa branca nem vermelha
nem é o cor-de-rosa forte
da pata reta do flamingo
na Quinta
nem o da maria-sem-vergonha.
É rosa bobo
barato
de armarinho da esquina, de flanela
de flor surrada de vestido
esmalte que as velhas põem na unha:
a cor que tradicionalmente é da menina
mas sem a dor.

Março de 1988

Para Mário

Ronca um motor:
uma viagem a céu aberto
estampa coqueirais
e azul.

Um inseto no sol —
asas —
bate o calor
de Havana,
Aracaju.

É o verão que se abre.

Tarde, sorvete, amor, varanda
em taças do passado
a derreter.

9 de outubro de 1986

Um navio

> *Quanta paz aqui embaixo, na raiz do mundo...*
>
> V. Woolf

A solidão é um navio.
Só o que me move é a pá da solidão
o leme.
Se não gozo
suspiro
cristas suspensas
pedras de sal
fiapos de mar —
a maior boca
a mais
voraz.
Mas no seu fundo longínquo
âncora
os leitos de areia e seus lençóis limpíssimos
os peixes cegos
a paz.

Rabo de galo

Medo com amor.
Um drinque.
Rabo de galo.
Ana, lembrei de você, do seu jeito.
Cada um é um.
Só si.
Associações, coincidências, perpasses...
estou procurando a palavra certa
para partes superpostas de duas esferas.
Interseção?
E solidão.
Ninguém.
Vai cobrir esse buraco, com flores do bem, com
letras.
Taça, dai de beber.
O fraco é fundo acabou-se o mundo.
Morreu Diadorim.
Açoite, ricocheteia — estão erradas, não cabem aqui.
Em mim a paz passa depressa, assobia.
Eu peço que fique, imploro,
mas é assim, eu sei, amor e medo.

1994

Faca na água

Vi tanta coisa no mundo, tanta.
E sei que há muito mais para ver.
Perto do que há,
o tanto que vi é pouco, tão pouco, ínfimo.
Não chega aos pés do que falta.
Mas agora não quero ver nada, mais nada.
Neste momento.
Estou cansada.

Vi tanta coisa no mundo, tanta.
Mas continuo criança. Boba.
Os olhos espantados, abertos.
Sem criar casca.
Oferecendo este lago do peito —
este lago à flor da pele, embora vaso
comunicante com o fosso fundo —
a qualquer faca.
Por isso estou mais cansada.

Tudo está inscrito em pedras-logogrifos,
em acetato, chips, imagens de vídeo,
sequências sensuais de sons e ritmos latinos
e latidos secos, saxônicos,
na voz de pessoas queridas —
vozes quentes,

nas suas opiniões ao vivo e também
nas que elas imprimem nos jornais,
na dor que reavivam as opiniões malignas
até mesmo quando não são poderosas,
em milhares de milhões de páginas lidas.
Tudo isso remói, revolve, convulsiona
mar bravio de potentes motores recônditos
correntes ascendentes, descendentes, centrípetas,
              [centrífugas simultaneamente
e seus raros engates casuais que acionam o silêncio.
Tão raros. Tão desejados.
(Porque é penoso aprender e nem sempre se
              [aprende a fluir
com as correntes, como todos sabemos.)

O silêncio vem em paz com a missão cumprida.
Com o amor bom.
Vem com as palavras bonitas que aprendi, que
              [reuni, que combinei
com as palavras que quero mostrar
que tenho que mostrar
— sua respiração,
sua música —
que aprendi porque vi
tanta coisa no mundo.

Mais dia menos dia

Ela fazia versos rimando hifens
— de tomara que caia azul-marinho —
mas me disse que não sabia onde acabava o poema.
Mais dia menos dia
dependendo da luz
transformado em cheiro um feixe me atravessa
(ou raio de outra coisa — montanha antiga, peixe,
        que é fio
        ou meada, ideia)
e a medalha apara
— Nossa Senhora do Loreto
protetora dos aviadores —
no peito
ponto exato
que desata um rio
falso leito fofo
folhas decompostas
em poeirentas nuvens submarinas
morno em cima
embaixo frio.
Aí se pode morrer, é mole — um sino
fino, um dobre
um morro verde

o que não tenho
todo o ar do mundo.
Começa-se a morrer e um dia se termina.

1992

Possibilidades
(2006)

Quando o presente tiver trancado sua porta depois da minha trêmula
                                                                 [estada,
E o mês de maio abanar suas alegres folhas verdes como asas,
Névoa delicada feito seda acabada de fiar, irão os vizinhos dizer:
"Ele era um homem que costumava notar tais coisas".

Se for na penumbra quando, como um piscar sem som de uma pálpebra,
O falcão da queda do orvalho vier cruzando as sombras para iluminar
O espinheiro do planalto torcido de vento, um observador pode pensar:
"Para ele essa deve ter sido uma visão familiar".

Se eu passar durante algum negrume noturno, roído de insetos,
                                                                  [e morno,
Quando o ouriço-cacheiro viaja furtivamente pelo gramado,
Podem dizer: "Ele lutou para que a essas inocentes criaturas não
                                                           [sobreviesse nenhum mal,
Mas pouco pôde fazer por elas, e agora foi-se".

Se, ao saber que aquietei-me afinal, eles estiverem de pé à porta,
Acompanhando os céus inteiramente estrelados que o inverno vê,
Irá esse pensamento despertar naqueles que não mais encontrarão meu
[rosto
"Ele foi alguém que tinha olhos para tais mistérios".

E irá alguém dizer quando o sino da minha despedida for ouvido ao
[escurecer,
E a brisa que passa cortar uma pausa em seus desenrolares
Enquanto não tornam a levantar-se como se fosse um novo repicar de
[sino:
"Ele já não ouve, mas costumava notar essas coisas".

Thomas Hardy, "Depo

Invejo.
    Este segredo
não revelei antes a ninguém.
Eu sei
    que vive em algum lugar um menino
e eu o invejo
muito.
Invejo
    como ele briga —
eu não fui tão franco e corajoso.
Invejo
    como ele ri —
na infância eu não sabia rir assim.
Ele anda sempre batido e machucado —
eu sempre fui mais penteado,
        limpo.

Todas aquelas passagens
que nos livros eu pulava
ele não pula.
Também aqui ele é mais forte.
Vai sempre ser mais firme, mais direto,
sem perdoar o mal, mesmo que traga algum
[bem,
e onde eu larguei da pena:
"não vale..." —
ele diz:
"vale!" —
e empunha a pena.

Eugênio Evtushenko, "Inveja" (1955)

Por mais que cicie
cascavel
acaricie
mel
palavra
não doma este potro
intratável
este animal
humanidade nenhuma
responde a pergunta
dá conta
do demônio
do abismo
do vazio.
Tanto faz
onda
vento
balanço no cipó
baile de letras
como fez
aonde vai
a que vem
cio
ou consciência.

Crto

Um voo mais longo
que o normal
outro mais
crto
— espanto —

a queda
espalhafatosa

papéis
ao léu

leia-se: sou eu
ainda
— viva! —
a me assombrar,

meu Deus.

3 de agosto de 1998

Flores

Colho olhos fixos
de novo
boca seca
aberta
— o não completo me suspende
entre parênteses invisíveis e impotentes
no ar parado —
de passeio neste campo imperceptível
minado
que a pasma semântica do absurdo
colore de avesso e espanto,
flores que explodem ao contrário.

1999

Anéis no espaço, o fim do amor,
da fé, fruta-do-conde, joias — inúmeras,
inumeráveis, numerosíssimas
ou quem sabe finitas, contáveis talvez —
combinações
e locuções, regências, tintas.
Oh, palavras possíveis!
Opondo-se, semelhantes.
As mesmas sempre. Iguais. Contradizendo-se.
Tantas, que passo os dias com medo
da loucura
— acima do horizonte.
E à noite dói
boiar na amplidão
sem companhia.

1999

Não sinto
(muito mais)
falta
nem saudade.

Estou tomando gosto das coisas.

Figuras e linguagem.

Uma laranja
diminutivo
sopinha quente
um sorriso
uma boa chuveirada.

O verão!
Como é colorido.
Super.

O Rio de Janeiro.
Uma viagem.
Contradições. Sinônimos.

Que boa a mão da idade.

Clowns

Será triste a passagem
para a Terra Sem Sentimentos
do capital total.
Um por um
pelo desfiladeiro
como os mocinhos do cinema.
Fardos, jegues.
Camelos?
Também, vindos de outros filmes.
Turbantes, sarongues, sáris.
Irmão, primo.
Pai.
Até mãe pelo despenhadeiro.
Nada sobrará.
Amor, sorriso.
Pedra sobre pedra.
Só frieza e névoa.
Não, não será triste.
É Sem Sentimentos a Terra
do capital fatal.
Ovelha irreal
simulacro de gemido
inteligência transgênica.

Clowns, clones — será gente
o que desce da garganta
do outro lado da montanha
da transmutação global?

15 de setembro de 2000

Meu pai nos abandonou.
Minha mãe casou e mudou.
Vovó morreu.
Os irmãos sumiram no mundo
ou submundo.
Sem explicação
Yvonne nunca mais falou comigo
e, para Ronaldo,
sou fantasma do passado.
Vejo meus filhos já voando.
Nem um pássaro na mão.

2 de outubro de 2000

Saber

Agora conhecemos os destroços
do que teria sido
Barco
Usina
Casa de campo.

Para além do fundo
da memória
— no oceano —
está o sal — comendo
alisando o cinza
que na tábua desliza
e repete clarões.

Pelo menos
(agora) não sonhamos.

A descrença
aos pedaços consolidamos
à suja Praia da Pobreza arremessados
em meio a pernas carcomidas de bonecos e garrafas
                                [plásticas.

Instigados pelos fortes ventos
água-viva

plâncton
o sal da terra
a fina flor
fazemos
o que há de melhor.

Somos inúteis.

2001

Jogos

Ostras
vivemos
sós
em salas aquosas
espelhadas
— brotos de bolsas
de bolhas —
verdes laivos,
musgo azul em volta
macio
cabeludo:
um lençol da pérola (bola de massa
que o conta-gotas reúne
a cada trilhão de pingos).

Escrever difícil é fácil.
Esconde-onde-esconde-onde?
Palavras tão cruzadas
— o desejo e eu.
Mas mata o leitor, poeta
... e o autor.
Morremos.
Ossos lustrosos
pós.
Caixas nacaradas

nos enrolam a carne
em jogo sem fim:
verniz, cetim, almofada.
Choro.
E cantiga de embalo.

31 de julho de 2001

Toda cantiga tem o mesmo embalo
cadeira de balanço e almofada de veludo
grená
(a mãe da menina te manda matar).

Vira e mexe
rolo seixo no murmúrio
(mamãe volta já).

Greta
gorgulho
pau e palha que encalha
— e a água bole.

Nalgum poço de novo areia limpa
ralo, bola de pedra
já quase macia.

Do livro Mais dia menos dia, *1992*

Final azul

Agora, sim,
tudo são flores
afinal
no início
rosas
café
quem vê, ri
ipê-amarelo ou acácia
porta aberta
varanda vermelha
encerada de sol
sol, sol, pó
na estrada verde —
feixe de graveto
pela areia
lixo do mato:
galho, palha, fava
semente —
tanto estala coisa seca
querendo vingar
virar
final feliz
no alto
prata
morro roxo lá

imbaúba
e em cima
ainda
laranja
céu sem fim!

3 de outubro de 2001

Chorei.
Não por um amor.
Pelos amores que me atravessaram.
E pelos que ainda atravessam meu peito de não.
Meu pai.
Meu irmão.

Rosas ganhei
— brancas
vermelhas.

O mar.

De que matéria a lágrima se faz?
De água e sal, de alma?
Quem a enrola?
De onde vem?

Hoje chorei.

5 de janeiro de 2002

Uma casa no ar
é a minha:
vejo do alto
casas antigas, panos ao vento, a luz do mundo
— o verão no Rio —
e sou feliz.

Poeta:
verde e sol
me atravessam.

Fotossintética
clorofílica
transparente

puro ar puro, moro aqui.

Pandeiro

Teus dedos grossos falam à pele que se oferece
e espera
o quanto queiram.

Batem de leve.
Secos, alisam.

Certeiros
arrepiam

como palavras no ouvido

e fazem gozar.

Março de 2002

Agora

Tudo vai dar certo agora.
Você vai ser promovido à chefia.
Eu vou ganhar na loteria.
Você vai consertar os dentes
a prestação.
E eu, tirar férias
trocar os óculos, enfim.
Vamos comprar aquela casa antiga
e tocar samba na vitrola
— o som vai voar pela janela
emoldurada de pedra.
Você cozinha jiló
e eu me acabo
de amar.
Tudo vai dar supercerto agora que você voltou, amor.
Vou passar as mãos pelo seu corpo todinho
alisando
acalmando com tapinha
cada pedacinho.
Você, dizer com voz grossa
coisas que derretem
e explodem.

Agora, amor, não tem porém.

Pelas ruas do Méier

Jovem de novo
quando o verão vem.
O voo nas mãos
na voz.
Mesmo o verão assim desordenado
fora de época
exagerado pelo buraco de ozônio
e outras alterações climáticas
produzidas pelo egoísmo de homens e mulheres ricos
e ignorância de homens e mulheres pobres.
O calor incha
enche
intumesce
emprenha.
Pelas ruas irregulares do Méier
vou feliz
me sinto no passado
tudo ainda em escala de gente
ao alcance de gente
chinelo de borracha gasta
distâncias
a custo vencidas — vencidas? — por lotações poeirentos.
Cascateia o trem
(como em Riabina, Riabina:
poiezdi catchaietsa).

No Méier, os novos tempos
apenas salpicaram lembranças
pela metade e já enferrujadas.
Com vigor vegetal
a pobreza,
rápida,
domina.
Temos que dar importância às ruínas.
A cada templo
cada tijolo esfarinhado.
Andaimes corroídos
espetados no ar
um dia sustentaram nossas sujas cidades!
Beleza tristealegre do incompleto e misturado —
outra vez jovem no calor do Méier
outra vez jovem no calor desolado do Méier.

Outubro de 2002

Venho do fundo do sono
com medo
e triste.
Nem tenho nome
mas tenho culpa.
Por que não entendo?

Queria tanto ser mais inteligente!

Em vão invoco mãe e pai,
a preta que criou Drummond...
Ainda
os tios na varanda
cismam,
perplexos como eu.
Não haverá porteira de saída
em fazenda alguma
no ar ou na terra.
Palavras são brinquedo de crianças
mimadas.

E o silêncio aturde.

Novembro de 2002

Da janela

A Emily

Cruzes em bico na luz incerta
decididos
com pressa
quinze patos pretos passam por mim.

Revoluteio:
ora líder ora trio
troca de lugar
de mar a céu.

Letras determinam
a combinação —
DNA.

Que tanto vão
e vêm
assim resolvidos
patos de ar?

18 de fevereiro de 2003

Da janela

A lua cheia me chamou
vim ver

cortinas em fiapos
abrefechando
buracos
negros
fulminando luz e atrás

o morro recortado
a massa escura da mata
as casas tomadas

fachadas desmaiadas
exaustas de furor.

A lua chamou.

Perder

Para Moacyr Félix

Ricardo do Canto
Luiz Otávio
Bernardo
Pablo

In memoriam

Nós temos que deixar você ir.
Temos que abrir
mão de você.

Não adianta reter aqui

comendo biscoito maizena
pisando miúdo
os pés finos de menino
no andador.

Você não quer
fingir que não lembra
o nome da enfermeira
— é Daisy —
nem visitas mais quer

ou momentos de lucidez
para dizer

estou tonto
— tanto —
e você é sempre bem-vinda,
completamente gentil.

Como os outros
se foram
tomando conta de tanto do que há ou houve em nós
você também
quer mergulhar no não
— tubo que aspira ar
de volta ao pó.

Meninos, vocês estão todos juntos, não estão?
Encontraram vovó e seu Nathaniel?

19 de maio de 2003

Praia Vermelha

Ah, os bons sentimentos.

Seda e cor
vêm de dentro
da alma aquosa do cacto.

(Verdade sem palavras
da rocha —
o líquen na placa
e o fio da prata:
água mole a produzir velusgo.)

Sou o cacto
não sua flor.

Com agulha
na pele
arranho o olho.

Corpus Christi, 2003

Porto inseguro

Luiz na Saúde
tem medo como tenho
e também é forte
como eu.
Ama à luz da rua
ao vento grande do cais
— olho fino
a língua brilha.
Peitos brancos com formato de biquíni.
As mãos moldam
pele lisa.
Uma eguinha meiga parada se mija.
A ponte lá
— aqui a maresia —
a água escura: me abraço com Luiz.
Com toda a força
amasso
sua cabeça rouca.
Abaixo
a bacia
levanto
quero gritar —
não grito.
O casario
emaranhado de fios
juntos

os corpos inocentes que a lâmpada do poste acende
estremecem
no medo máximo
e maior espanto.

25 de novembro de 2003

Vem sempre igual
surda
sem descanso
dói.

De viés
soslaio
sílabas sonsas
sibilam
e riem

de mim
aqui
boquiaberta
imobilizada:
como desatar estes nós?

O que somos se desata?

13 de dezembro de 2003

Uma usina
— hélices, turbinas —
desativada

que tivesse sentimentos.

Fantasma

uma cidade
abandonada no ar
parado

um navio no fundo
da solidão

um avião

que caiu.

O sopro suspenso: podemos
ser amigos simplesmente.

Amor, não.

Maio de 2004

Poema de manhã cedo

1)

Se minha vida tiver que ser um plano
deserto e árido,
que seja.

Que adianta
enfeite e arabesco
ao nada?

Quando formas densas me tomam,
recebo

e alguma coisa
sirvo aos homens

nem que fumaça

— como a da beleza.

Aqui chego
do fundo do sono.

Mal desperto me ditam
inteiro

este soneto estranho
de pé-quebrado.

Alguém quer parceria.
Sem eu poder recusar
o sopro me ocupa.

Dicção de mulher
ou homem
a voz
insiste
em se grafar.

Ao menos sou eu
quem a registra?
Passa por minha carne
a matéria imprecisa
a energia?

2)

Diga mais, sopro do além, conte
o que nos espera
do outro lado.

Seremos mais felizes?

Sinto tanta saudade

do que quis ter
do que não tive
e do que tive sem saber.

Livre
do laço que aperta e dói
vá,
siga o seu caminho
de espinho e flor
espírito, pó.

3)

Desinchei
saiu de mim
a força que me inflava
depois que anotei
sua melancolia
sua separação.

Minha alma gêmea foi pelo espaço.
Eu fiquei

agarrada aos dias na terra.

Às noites, viajo.

De volta
vislumbro

nas palavras que me sopram
os não lugares que vi
onde não fui.

Murchei
agora que contei:
posso ir viver manhã terrena
quase serena.

11 de agosto de 2004

Estou dentro da terra deitada
(desde criança eu sonho).
Olhos fechados,
de bruços.
A pele do rosto, as palmas, coladas ao chão
úmido.

Nos canteiros o verde é fundo;
     grave, escuro
brota mesmo do chão.

Há branco
fortíssimo — copo-de-leite.
Espigão indolente
meio dobrado
mole, caído
tomado de penugem
     amarela
     vinho
     marrom-clarinho
     ocre.

O coração bate acelerado
mesmo fechados
os olhos
se arregalam de susto.

Mas a terra
ao mesmo tempo
é boa e fria
— e me acalma.

6 de agosto de 2004

Duas borboletas

Céu de luz vejo
deitada
no sol da cama

gaivota
plana
pipa

a cara
diagonal

e os fiapos — tiques.

Tortas fachadas recorto
na crista
da pedreira:

cenário de cartão.

E no clarão tremido
arrancos
deslizes

— o balé amarelo
do par.

15 de agosto de 2004

Bonitos poemas vêm de ti
borboleta
sozinha
que me amarela a janela
daqui

pegaste o te
e lançaste-me
numa tempestade
de temas

estremeço
psicografo poemas

uma luz solo
outra contínuo

depois de morta sopro
para você

Ar
te

só aqui me permitem
ser como sou.

brota do ar como um pé de qualquer coisa, couve
ou martela, surdo, até se poder ouvir
vem dos sonhos
se vê no mundo, da janela do ônibus
escuta-se na rua sem querer

oh minha vida esfacelada
oh vontade
que voa
oh saudade dolorida
nossos motivos
à toa

acordo e me chega a toada
já no ritmo
nem levanto da cama e copio
— os dedos grossos

a pele do corpo lisa
o couro
(que valeu ouro)

mas a cara, de velha
zangada e triste

15 de agosto de 2004

Açim

Chegou bilhete seu do céu
azul.

Um espírito
— baixo —
finge ser você,
querido.

— Nem do outro lado
tenho paz.
E a culpa é tua, mulher.

Saudade ensina tanto.
Agora só me falo pela sua voz.

DEUS,
Criou-lo
A MULHER

...
Mas negro-me
pois sou sim
uma lindíssima
Evidência Negra.
...
Maravilhosa eu
cabeça carapinha
não macho, não fêmeo
simplesmente humano.
    Deley de Acari

Tome de amor
sem dentes
só gengivas vulvas membranas
só pele
áspera e lisa
macia e preta
rija.

Pele de todos os contrários
finíssima
e grossa

grossona
fininha.

Tome de mim, boneca
sassarica
nega maluca
e dengosa
neguinha

requebrona
do olho de camelo, deixa estar...

Fauno galopo pelos céus
já desço nos raios de um cupido louro
— seta dos amores!

Domino,
meninos.

Mas quero ser leal.

Assim: um copo d'água transparente
você não pega em nada
não segura nada

eu me esvaio
escorro entre seus dedos — não existo mais
escoo.

28 de agosto de 2004

Tem um verão dentro de mim
um verão quente
um verão louco

sol e vento se abraçam
amorosos

a luz explode.

É um verão que acende o corpo
e ao mesmo tempo agita a alma

da criança de sempre
que quer correr
descalça na praia.

Antes mesmo de setembro vem
com os cupins

venerar lâmpadas.

Alças, decotes
vestidos de algodão

debaixo do chuveiro
o Cacique Bunda Branca
tira o calção.

No ar promete um sopro
um bafo instiga

arde a vida no calor.

Viva o verão.

1º de setembro de 2004

Este é um tempo de poemas.
Querem se dizer.
Brotam.

Gotas de umidade
nas paredes
do corpo seco
juncado.

Tempo de volta aos livros
sem homens
e mulheres
sem carne
sem osso.

Unhas e
dentes.

Tempo de suportar
e sorrir

da solidão.

7 de setembro de 2004

Nomes aos bois

Mumuzinho, Sereno e De Arroz
foram os nomes que eu dei
aos bois.
Desbocamento uma vírgula!
,
Desbocamento é para quem tem boca
correta, sem dúvidas, quem pode
pensar.
E a verdade é incerta —
nem é rebelde o poeta
mas manso como De Arroz.
Manteiga derretida.
Mastiga, mastiga
olha pra cima com ar de quem
nada pode
fazer
para mudar.

Ô Mumuzinho, me abraça
um abraço forte de quatro patas
preu pertencer em algum lugar!
Mastiga
enquanto procuro nomes mais
perto do certo
como Sereno é sereno — caga e anda —

e Um muge
berra
bota a boca no mundo
de vez em quando.

6 de setembro de 2004

Poemas inéditos

Muito me pisaram os calos.

De tanto ouvir cantar o Galo
mais ou menos
já sei onde.

1995

Neste mundo de sempre
hoje pós-moderno
súbito
e arcaico

largo
da Misericórdia
estreita corações

em torno
do poema

no alto
leiga
hóstia emocionada.

2 de novembro de 1998

Ovelha negra

Um patinho fora d'água,
artista.
Um peixe feio —
mas, com certeza, ovelha
negra.
Mé.
Não é, porém, por mérito
que não mente
nem liga pra dinheiro.
Sendo muito interesseiro,
quer ver.
E ver impõe seríssimos quesitos:
brincar de viver.

415 usina

Você entrou e saiu
ficou o cheiro
de talco
no ar
que fustigou seu cabelo
e na minha cabeça
cravados
— setas-amêndoas —
os seus olhos amarelos,
ó moça dos braços grossos.

Na verdade
covarde
não quero vencer
nem lutar.
Fico
só olho parado
branco
metálico
adjetivando.

2011 — fim do ano

Só faço o que posso
e com isso
nem desvendo o quase
caroço
classe
de pobres palavras.

2011

Mar

Enquanto sofro
me entra pelos olhos
a luz
da praia

branca.

Distraída
mal vi
voar

no sal

a gaivota.

16 de agosto de 2011

Questão
talvez

de dias

— anuncia-se —

dois ou três
quem sabe

e outra vez será

para sempre
verão.

O sangue
ainda

acelera o pulso

intumesce a veia

como novo.

Remédio é o mar
para os tempos
ardido e crespo.

Arraial do Cabo, 18 de dezembro de 2014

O sim

Eu também
quero sim
agora
que o fim aperta
o cerco
e faz careta
pra mim.

1995

Amor sem mais objeto
só puro intransitivo
preto cego no céu desestrelado
onde afundam sentido e seu contrário
destino.

27 de junho de 2013

Brejo do Espinho

Por fora
a restinga vive um gerúndio
fino
seco
de cacto
palma.

Do fundo sumos.

Da combustão pétalas claras
ou vernizes.

Como nossos
motivos
turvos
também seus nervos
se confundem

— estados da matéria
lama e aranha
areia e flor.

Chama o olho
o incêndio na amendoeira.
Nada aplaca o alarme
a carne vermelha.

Nervura
de verniz
enverga
a copa sequiosa
os cálices de esmalte
em alarde imploram.

Em volta o verde
outras árvores.
Nem pedem.
Não precisam de nada.

Mesmo assim arranco dos objetos uns atributos
perto do sono

aromas alaranjados
homens miúdos
pardos
calados

torcidos
de músculos e angústia

entrepreneurs, nhanquaquara

suas mulheres
moles ou más

a prole
bicho meigo e gosma
mar imundo
ou cristalino

insisto frêmito.

Novembro de 2014

Ponto nevrálgico

> *A arte e a literatura não podem separar-se da vida,*
> *mascarando-se com o apoliticismo...*
>
> S. Fediúkine

Estou aqui
no centro
no nervo inflamado
da cidade maravilhosa.
Aquele ponto largado
ferido
dos loucos
dos mendigos
brancos e pretos
cobertos de fuligem.
Estou aqui sofrendo
com eles
sem poder
sozinha
mudar a sorte.
Na passagem
para os bons lugares
de brisa e ar refrigerado
na passagem para outras cidades
com bairros arborizados
clubes com piscina
área pra churrasco.
Um casario desbotado

— lindo, o nosso passado —
escada caída
janela sem tábua
faltam dentes
lixo
calçada de buraco.
Não existe Poder
Público.
Só Abuso.
Estou aqui com eles
moribundos
de novo tipo
do tipo que não quer mais viver.
E como eu
muitos escrevem.
Anotações sem fim
em cadernos pautados
que colegiais jogaram
nas caçambas.
Essas que o verão
faz descer rua abaixo
com a chuva
porque os bueiros estão entupidos
o povo é mal-educado
e não existe administração.
No novo ano
pais
ou mães solteiras
avós ainda amorosos
podiam pagar no cartão

o ano todo
o novo material escolar
os mesmos que faziam as festas das crianças
com litrões de refrigerante.
Hoje não podem
acertar o aluguel
do mês
pelo cômodo no sobrado
azul-
-turquesa
nem comprar
na Central
das vitrines esparramadas do chão
os tênis e bermudas de tactel...
Quem mais vai deixar de rir
juntar-se à Maria do Saco
carregando pertences preciosos
sacolas de garrafas vazias de plástico
sacolas de sacolas vazias de plástico
quem mais vai responder com palavrões
aos insultos
— pois há gente
vestida com roupa lavada
e passada
gente que tem casa
família
e coragem de provocar essa mulher...
E que rija ela é —
há quantos anos na rua
sem qualquer proteção

um pingo de amor.
Por mais fortes,
como estamos todos tão desabrigados!
Um pãozinho francês já custa quarenta centavos
a maravilha dilacera
além de assistir
e anotar
os que não estamos de acordo
os que sofremos
o que faremos?

Um fio
que resta
de beleza ou bondade

— palavras novas
surgem do nada

por caridade
misericórdia.

Certas
palavras:

a cada pelo

me agarro.

Na Argentina encontrei
meu velho eu
tão jovial qual um novo amor.

Com graça me falou que os aires
são mesmo buenos na capital.
De cachecol azul me piscou um olho só.
Chega de pobreza, intelectual também gosta
que se enrosca
de um bom lençol de algodão
de um malbec!

Apesar de vivermos momentos lancinantes
da luta de classes na América Latina,
fútil e grave
de sapato alto e batom
me diz:
o lugar a que chegamos através das palavras
é estranho a elas
sequer as conhece.
Mas não há outro acesso.

(Essa pelúcia
rosa

do capim
que amacia a íris.
O laço
de fita de organdi
da nuvem
envolvendo o pico.)

Saudades de você!
E num abraço apertado
nos fundimos.

2017

Do amanhecer escuro
sai o sol
e me dissolvo.

Vamos passear.
Conhecer
o absolutamente novo.

Estonteante
como lagunas
na pedra,
floripôndio,
amor
altiplano.

Como a planta
alucinógena
dos rituais,
a vertigem da altura!

E eu
— que tola —
já achando
que nada mais havia
e o mundo era todo igual!

Pelo menos no que depender de nós (num belo dia de chuva na subida de Santa Teresa)

Eu me contento com esta montanha
esfiapada de cinzas
com suas copas escuras de água sólida no formato
                                      [de folhas
os cabos elétricos
as caixas de transmissão de energia
os invasivos edifícios
agressivos
em que habitam na umidade
as famílias
— homens e mulheres
asmáticos, neuróticos
crianças com olheiras
e nariz escorrendo
velhos da tosse seca —
aceito
por inevitáveis.

Raça de predadores
de todas as cadeias alimentares
e todos os laços.

Enquanto a nuvem branca desce apaixonada
e toma
já a pedra

a encosta intocada
os primeiros blocos brancos de moradas humanas

— e como plana um urubu na bruma! —

conjuro
a inteligência da espécie
— a parte da natureza que se reflete —
responsável pela sobrevivência
até aqui
a se sobrepor aos egoístas
do Lucro
e preservar para Todos
o futuro:

Beleza e Vida.

29 de setembro de 2019

E vem
de novo
a névoa
do céu branco
esclarecer
à mata
os verdes.
Vejo
mais uma vez
a tempestade
virar luz.
Tempo de virada:
deixemos em paz
as águas
pela encosta
deixemos
viver
a mata!

9 de outubro de 2019

Sou
muito desgarrada rês
às vezes
outras nem sei.

Dez periquitos cri-cri
em V
invejando os patos

e eu aqui.

Os bons poemas são
prosa abrupta
cortante.
Imediatamente se entende
a fúria
ou a calma imperturbável
deles.
No estrépito está
o jogo das palavras —
choque e sacolejo de vagões engatados.
Atrás dos vidros deslizam as paisagens
que a turba comprimida não avista:
devastações ritmadas tão sonâmbulas
quanto aceleradas.
Nada é difícil no ar-condicionado
mas uma pressa horizontal de trilho
urge
e dentro dela
ninguém cede o assento a mulheres
nem velhos.

2017

Os bons poemas são
os últimos.
O que ainda se tem força de buscar.
Dali onde se chegou
— o fim do mar —
avançar
no brilho
ou fundo
sem marear.

Só eu e a noite
tínhamos
o segredo.

A noite tem
um manto
que flutua
feito de finura
e frio
que pede
à pele
licença
e à penugem.

Presença
insidiosa
mole
abraço de um rio
— correnteza fresca
em círculos macios.

O leve sorriso
da lascívia
e da delícia.

Uma clareza oculta.

Mais ninguém
a noite e eu
só nós
este segredo
tínhamos.

Alto Alice — 6 a 12 de abril de 2020, Páscoa

as minhas mãos trabalhadeiras
dormem estendidas
nós e veias que os anos levantaram

elas

que incansavelmente
estenderam o cérebro
a sempre novos audazes limites

ainda esticam aos céus
as possibilidades

plantando flor e lavando roupa
temperando sopa
e gestos

escrevendo nomes

velhas mãos
trabalhadeiras
mãos espirituais.

FORTUNA CRÍTICA

Improviso para Angela

Armando Freitas Filho

Uma poesia que se desenha como quem usa o seu corpo: em todos os níveis.

Uma poesia onde as palavras são *múltiplos*, com os seus entreabertos leques de significados que, a cada leitura, pousam novas e inesperadas significações no papel branco.

Uma poesia que parece estar sendo feita no momento exato em que a lemos: imprevista, tinta ainda fresca, coração e mão que acabaram de escrevê-la, e, próximos, ainda pulsam nas intenções do texto.

Uma poesia que é uma explosão de seda e de sangue — bela e repentina — mas que se faz, no entanto, em câmara lenta como quem, com os dedos, rabisca o nome no vidro de uma janela, de um espelho, embaciados pela própria respiração, um instante antes de os abrir, com os seus olhos, para a paisagem.

Rio, 11.junho.74.
Publicado originalmente como
introdução a O *vidro o nome*
(edição da autora, 1974)

Riocorrente, depois de Eva e Adão...

Ana Cristina Cesar

1. ANGELA VIROU HOMEM?

Acompanho muito fascinada o trabalho de Angela Melim, poeta que cada vez mais escreve prosa — prosinhas breves, entre poemas, ou outras mais longas, virando livro.

Acabo de reler as prosas breves de *Das tripas coração*, que se alternam e se misturam com poemas, e a prosa que virou livro de *As mulheres gostam muito*. E confesso que levo um susto quando passo dessas prosas, todas muito orais, muito próximas de uma certa voz que a gente ouve, para as engravatadas primeiras linhas do mais recente *Os caminhos do Conhecer* — um livro contínuo e inteiro em prosa, sem sombra de poema. Eu disse "engravatadas", palavra esquisita, mas é isso que me ocorre quando bato os olhos na primeira frase do livro ("L. M. se viu dentro do carro, no meio do trânsito da Lagoa, indo na direção do túnel Rebouças") e comparo com o início de *As mulheres gostam muito*, tipograficamente já desequilibrado ("Sobre o suicídio. Preciso tomar uma decisão entre pedra ou vidro, estilhaça ou espatifa, porque todas as palavras não cabem num livro"). Que esquisito, penso. E ainda sob o susto inicial me ocorre uma indagação meio terrível. Tenho medo da mão pesada, da grossura da minha pergunta, mas não posso mentir, ela diz assim: Angela virou homem?

2. LINHAS CRUZADAS

É desajeitada a minha pergunta, admito. Mas quero ver por que foi que perguntei assim. Desde 1974 que venho lendo Angela à medida que seus livros aparecem.[1] E entre um poema e outro, aprendi a ouvir uma prosa de voz íntima, que fala como quem conversa intimamente com um interlocutor, que se apega às exclamações e aos murmúrios da intimidade, e que pede emprestada da conversa a despreocupação com a continuidade lógica e com a sintaxe rigorosa, desobedecendo às regras de desenvolvimento expositivo, à mercê de toda sorte de interferências meio fora de controle, de associações meio súbitas, de interrupções e parênteses que quebram às vezes irremediavelmente as primeiras sequências.

Uma sintaxe meio infantil, às vezes levemente estropiada e cortada por diminutivos. Uma dicção com um jeitinho, "olha eu pensando no meio da briga". Passeios pelo arbitrário ("Dentes de máscara e olhos de amêndoas... Qual é, cara? Digo o que eu quiser"). E uma história toda estilhaçada em que se

---

1. Em *Report to the Working Party. Asylum. Otiose (Preceded by) After*. Londres: Nothing Doing, 1 ago. 1979.

localiza uma dificuldade: "As coisas são assim, repetidas, superpostas, entremeadas de, maior dificuldade ir separando elas com travessões, parênteses, aspas, maior ainda ir inventando a existência delas com nomes".

Sobretudo, uma voz muito próxima, pé do ouvido, linhas cruzadas.

3. QUESTÃO PENDENTE

Minha péssima pergunta dá a entender que havia por aí coisa de mulher. Quando lia os livros anteriores de Angela, especialmente na parte final de *Das tripas coração* e *As mulheres gostam muito*, me batia sempre a sensação nítida de estar lendo "livro de mulher". Ou para ser mais precisa: eu lia feminino esses livros, seus poemas, e essas prosas em que acabava mandando o feminino. Operação com duas direções: eu lia no feminino, mas os textos de Angela (e arrisco dizer: os seus melhores textos) iam se impondo como femininos. O feminino impera, pensava eu. Ou vai imperando, se imprimindo aos poucos, em diversas formas de coexistir: na adoção de um ponto de vista de mulher; no interesse por certos caprichos, cheiros, gestos nos anéis, lavandas, véus pretos pelas mãos e pernas, na irrupção cada vez mais constante do ser mulher como tema e motivo de texto; mas sobretudo nesse tom íntimo, nessa sintaxe infantil, meio segregada, meio caprichosa na sua indisciplina...

Quando me vi diante de *Os caminhos do Conhecer*, suas primeiras páginas disciplinadas, sóbrias, monocordes, em descritiva terceira pessoa, a imagem da gravata impôs-se com a impertinência de um lugar-comum. Era esse o tipo de texto que eu identificava como de tonalidade tipicamente masculina? A essa altura o sentido de minha pergunta já ficava um pouco mais sutil. O que estava em questão era o texto, e não noções obscuras como origem autoral/sexo do autor/tendência inata/eterno feminino/discurso sexual. O texto de uma escritora que costuma trabalhar com "mulher", usar "mulher" como um tema que determina um tom, como questão (pendente).

4. ABANDONEMO-NOS AO PRAZER

A primeira vez que escrevi sobre literatura de mulher curiosamente não falei por mim nem de mim diretamente. Usei diversas personas que se contradiziam entre si. Alguém me pedira uma resenha sobre as antologias de Cecília Meireles e Henriqueta Lisboa editadas pela Nova Fronteira. Quando recebi os dois livros, não pude deixar de pensar que estava recebendo para o chá duas senhoras. Anfitriã nervosa, me vi rodeada de convivas variados (e um penetra) num *mad tea-party* em que a questão era sobretudo o que fazer com as duas senhoras. Evidentemente que a resenha dançou.[2] E ficou assim a minha festa:

Roger Bastide abria com engraçadas perguntas retóricas que estavam secretamente na cabeça de todos nós, tipo "Haverá uma poesia feminina distinta, em sua natureza, da poesia masculina?", extraídas justamente de uma resenha que ele conseguira fazer em 1949 sobre Cecília e Henriqueta. Ele também, trinta anos atrás, ao receber livros das duas, começara se perguntando se tinha algum sentido especial aquelas duas autoras serem mulheres.

Na resenha de 1949, Roger Bastide cedo abandonava suas perguntas como sendo meras dúvidas do senso comum que seria preciso superar pela via da sociologia. E as recalcava com uma velada autocensura e uma proposta final involuntariamente provocante.

Dizia ele, negando que houvesse nas poetisas em questão qualquer traço feminino:

> No fundo, a ideia de procurar uma poesia feminina é uma ideia de homens, a manifestação, em alguns críticos, de um complexo de superioridade masculina. Precisamos abandoná-la, pois a sociologia nos mostra que as diferenças entre os sexos são mais diferenças culturais do que diferenças físicas. Diante de um livro de versos, não olhemos quem o escreveu, abandonemo-nos ao prazer.

2. Poemas originais em Thomas H. Johnson (Org.), *The Complete Poems of Emily Dickinson*. Londres: Faber and Faber, 1977.

5. DIFERENÇA ALGUMA

Duplo abandono ele nos propunha. Me lembrou daquela Lebre Louca do País das Maravilhas que oferecia vinho a Alice para em seguida dizer que não havia vinho nenhum. Nesse mesmo chá, a própria Alice se queixava: "Bem que vocês podiam ocupar melhor o tempo do que ficar fazendo charadas que não têm resposta".

Escrita de mulher: uma charada sem resposta?

Só as perguntas são possíveis?

Na minha festa, a preocupação era legitimar outra vez as perguntas do primeiro convidado, levar a sério ao menos o impulso de perguntá-las, apesar da sua irônica retórica. Eu não podia simplesmente abandonar as minhas dúvidas. Mas nesse momento entravam em cena outras vozes, as vozes de alguns críticos que, ao contrário do que o sociólogo recomendava, liam nas poetisas uma essencial "delicadeza feminina". Estava travada uma disputa (ou uma armadilha): uns tentando ver a sua ideia de feminino em poesia feita por mulher, outros tentando não ver diferença nenhuma.

Outras vozes entravam no debate, querendo escapar da armadilha, se perguntando sem parar como escapar dessa. Seria possível mexer com "literatura de mulher" (seja lá o que isso for) sem ocupar o lugar do feminismo nem cair na confusa ideologia do eterno feminino?

6. FRENTE AO TEXTO

Era então que surgia a "brasilianista Sylvia Riverrun, da Universidade do Texas". Especialista em literatura de mulher, ex-militante feminista, ativa no movimento desde 1967, uma das fundadoras do Marxist-Feminist Literature Collective, colaboradora da revista inglesa *Spare Rib*, plantonista eventual de Rape Crisis Center, admiradora de Yoko Ono, Sylvia devorara, com sentimento de urgência no devido tempo, Betty Friedan, Germaine Greer, Shulamith Firestone, Kate Millet, Sheila Rowbotham, Ingrid Bengis e outras de sua geração, sem falar em Beauvoir e Mead. Na época do seu divórcio, tinha lido e anotado textos do gênero de "The Political Economy of Women's Liberation" e "The Limits of Masculinity". Ela mesma não sabe dizer com precisão como e quando se deu o seu afastamento da militância. Parece que o processo começou quando, por princípio de estafa, atenção ao contemporâneo e senso prático, imaginou criar uma maneira de reduzir a distância entre a militância e a sua atividade profissional na universidade. Era cada vez mais cansativo viver em mundos pouco intercambiáveis. No entanto, dotada de sensibilidade literária, sabia-se incapaz de cruzar Kate Millet e Machado de Assis com alguma consequência.

Começaram então os hoje famosos seminários sobre literatura produzida por mulher, o que, devido à sua fascinação pelo século XIX, a princípio representou um desligamento da literatura brasileira. Sylvia voltou-se para as grandes romancistas inglesas — as irmãs Brontë, George Eliot, e até a intrigante Mrs. Gaskell, e nelas mergulhou por mais de um ano. Compromissos acadêmicos forçaram-na aos poucos a retornar para o seu departamento de origem.

Cedo percebeu que sentia uma pontada de culpa em "isolar" as mulheres, tratando-as com uma deferência de fundamento duvidoso. Cada curso parecia levantar, querendo ou não, uma pergunta *à la* Roger Bastide: "Haverá uma literatura feminina distinta, em sua natureza, da literatura masculina?". Consciente da complexidade desse "em sua natureza", Sylvia quase desejava no final de cada curso que a resposta não tomasse vulto. Ao pé da letra, era ser mais fiel à militância que cada vez mais vivia sem a sua presença — era fazer falar a diferença para depois derrotá-la. Qualquer resposta afirmativa e não poderia dormir tranquilamente.

Em suma: foi difícil desculpabilizar o rótulo de "literatura feminina". Em nome de que a gente chama a atenção para o fato de que esta autora é mulher? Por que a gente não esquece que Cecília Meireles, Clarice Lispector, Adélia Prado ou Angela Melim são mulheres? Agrupá-las não é um ato de preconceito — ou um zelo feminista inconsciente — ou uma violência para com o texto, um pretexto para falar de outra coisa? Como falar de mulheres se estamos lidando com texto, e não com a pessoa do autor — essa categoria fugidia que o texto escamoteia, com razão?

Foi a partir dessas dúvidas que Sylvia se viu inevitavelmente — de uma forma que o feminismo não lhe havia possibilitado — frente ao "texto".

7. ALGUMA FORMA

Uma das saídas para as suas primeiras dúvidas Sylvia buscou numa espécie de teoria da recepção e circulação social dos textos, inspirada em Antonio Candido. Chamou a atenção para o óbvio: o de que raramente se deixava de aludir ao fato de que tais escritoras eram mulheres: críticos, comentadores, resenhistas, opinadores, todos tinham algum álibi para nomear o sexo — ou gênero — do autor. Quem deixa de mencionar isso parece calar (ou abandonar) alguma coisa, ponderava. Me lembro então que, persona grata do meu *tea-party*, Sylvia atacava com um peremptório: "Cecília Meireles e Henriqueta Lisboa? Estamos falando de mulheres. Acho imprescindível considerar este fato... As mulheres escritoras são raras e o fato de serem mulheres conta". E apontava que a inefabilidade do dizer nobre da poesia das duas senhoras (*Romanceiro* à parte?), facilmente acoplada a uma ideia banal de feminilidade, definia (em termos de recepção) o lugar onde a mulher começa a ser localizada e a se localizar em poesia no Brasil — evidentemente isenta do modernismo (Pagu à parte).

Acredito que uma das preocupações de Sylvia nesse momento era simplesmente falar o que não era assunto dominante à mesa. "Esta escritora é mulher sim" era menos afirmar uma diferença do que furar um silêncio consentido... dizer o que não se sabia dizer sem cair no essencialismo insatisfatório de alguns críticos.

Sylvia estava limpando terreno. Falava de duas damas da poesia brasileira. No mais, "elas escrevem como mulheres" era, e sempre será, uma frase de interessante ambiguidade.

"O que é escrever como mulher?" Desculpabilizava-se aceitando que essa era uma pergunta legítima do seu imaginário. Quando a pergunta não passa, ela é contrabandeada. As damas da poesia não têm nada a declarar na alfândega, passam direto, e acabam dando uma resposta sem saber, contrabando involuntário. Adélia Prado é uma que aponta para outra via: a pergunta passa para dentro do texto. E cada vez mais quem parece chamar a atenção para o fato de ser mulher são as próprias mulheres, nos seus textos. Tenho a impressão de que toda mulher que escreve tem de se haver com essa pergunta de alguma forma.

8. PORÇÃO MULHER

A insatisfação difusa de Sylvia com os limites de feminismo pareceu surgir de uma relação mais íntima com a literatura. Quando Sylvia falou do meu chá das cinco, conservava muito da virulência e da alma feminista do primeiro time, mas já traía um desconforto indefinível. Foi por meu intermédio — embora sem minha premeditação — que essa insatisfação como que articulou-se num insight. Lembro-me de ter levado para ela o disco *Realce*, de Gilberto Gil, do qual ela ouviu, entre atenta e agitada, a faixa "Super-Homem". "Minha porção mulher que até então se resguardara...", ela cantava, e de repente disse com ar meio assustado: "Não é bem mulher, é porção mulher".

9. A LOUCA PRESA NO SÓTÃO

E depois de um longo tempo:

Por que não usar escritoras mulheres como pista, não importa que meio falsa? Pista do feminino, da porção mulher. É como se mulher, por vocação ou posição privilegiada, pudesse ter mais percepção disso aí. Um fato fácil de ser comprovado [e me mostrava o seu exemplar de *The Female Imagination*] é que na literatura de todas as épocas, quando mulher escreve, emerge uma espécie de consciência feminina. Mulher raramente deixa de escrever "como mulher", e mesmo quando isso ocorre vem uma outra mulher por cima, uma leitora enfurecida, anos depois e estranhamente a lê como mulher

— e me mostrava um capítulo de *The Madwoman in the Attic*, em que duas críticas analisavam a conhecida novela *Frankenstein*, de Mary Shelley, como "um livro de mulher", associando a história do monstro ao ambivalente mito de Eva.

"Eu também, mulher que escreve, essa consciência está mexendo com a minha crítica, com o tema da minha crítica..." (e com o tom também, eu acrescentava, me referindo a uma mudança sensível que notara nos seus artigos, que se tornavam menos amarrados e mais relaxados, menos afirmativos e mais interrogativos, menos impessoais e autorizados pelo saber acadêmico... e provavelmente mais "frívolos" na sua exploração da experiência).

"Mas isso é recente em mim... Minha porção mulher que até então se resguardara?" — e parecia haver na sua pergunta um rancor contra o feminismo que ela nunca quis explicitar.

10. PARA LER KARL MARX

Devo confessar que perdi Sylvia de vista. Houve entre nós um afastamento inexplicável, durante o qual cheguei a anotar, com ar de pouco-caso: "Esse assunto de mulher já terminou". Mas certo dia, num assomo de tranquilidade, escrevi qualquer coisa a respeito da dificuldade de se pensar nessa questão na terra dos modismos, ainda cravada na dependência. Desejei resgatar o assunto. Revi alguns textos que Sylvia me deixou (à disposição de quem mais quiser reabrir o assunto, que é literatura) e vasculho o arquivo para salvar a presença nacional (Walnice Galvão, por exemplo; e subitamente me ocorre que é preciso reler urgente Maura Lopes Cançado).

O resgate poderá rolar. Mas aqui nestes tópicos, de 1 a 10, como fechar, convenientemente, o problema do feminino no texto literário — deslindando-o inclusive da palavra "mulher"? Onde ancorar esse conceito? Não seria melhor deixá-lo à deriva, errante conforme nos sopra o que há de feminino na linguagem? Não volto por enquanto a Angela Melim (com ou sem esta conversa toda, é preciso lê-la, editá-la, urgente), mas há pelo menos um círculo que se fecha no percurso que vai da minha pergunta inicial sobre Angela, aquela que eu temia "grossa", à pergunta final de Sylvia sobre Walter Benjamin, na nota 3, feita sem o menor temor: não é curioso que a primeira pergunta pareça menos conveniente que a última? A tempo: por onde andará Sylvia (*"riverrun, past Eve and Adam..."*)? Tenho saudades.

Publicado originalmente em *Folha de S.Paulo*,
Folhetim, 12 set. 1982, e reproduzido em
Crítica e tradução (Companhia das Letras, 2016),
de Ana Cristina Cesar

Ivan Junqueira

Treze anos depois do esplêndido *Das tripas coração*, onde realizou experiências estilísticas no mínimo singulares e mesmo bizarras entre nós, eis que Angela Melim regressa ao nosso convívio com este *Mais dia menos dia*, que lhe repete e aprofunda algumas daquelas virtudes, como, entre outras, as de seu compromisso com o lirismo cotidiano, o humor às vezes sarcástico ou quase escarninho, a brevidade e a concisão aforismáticas, o ritmo não raro ofegante, a dicção à beira da síncope e uma constelação de "surpresas" que poderiam bem ilustrar o conceito que Edgar Poe elaborou sobre esse expediente poemático. Sem explorar a rigor nenhum dos grandes temas da chamada transcendência poética, eis que o verso de Angela Melim fere sempre as mais recônditas entranhas da vida, fazendo-o com uma parcimônia de meios e uma singeleza de ideias de que somente os grandes artistas são capazes, como no poema em que, ao celebrar o verão, nos diz: "Tarde, sorvete, amor, varanda/ em taças do passado/ a derreter". Aqui está o essencial para quem nos quis transmitir a fugacidade e a evanescência do tempo que se dissolve (ou derrete) por entre as dobras da memória, como um *ice-cream* cujo sabor já se esvaiu.

Na verdade, *Mais dia menos dia* é uma crônica sobre a fluidez do dia a dia, um relato sem enfeite das horas que passam, deixando-nos um travo, talvez amargo, pois o que se foi, ainda que ganho, já se perdeu. Ou deixou de sê-lo para converter-se em algo que está vindo a ser, como aquelas águas heraclitianas em que o homem nunca se banha duas vezes. Há nos versos de Angela Melim, mesmo nos mais insurrectos, aquela sábia resignação estoica de que talvez apenas as mulheres sejam capazes. Ou uma certa sabedoria que Eliot definia como humildade, essa humildade de linguagem que se despoja de tudo o que não lhe é essencial e cujo engenho, por obra de recato ou dignidade artística, jamais está à mostra, como nos versos de uma Anna Akhmátova ou de uma Gabriela Mistral. E o que aqui existe de misterioso floresce apenas à luz da mais crua e desconcertante simplicidade.

Mas convém que se advirta: quem alcança esse grau de despojamento jamais o atinge sem angústia ou sofrimento, pois é preciso "adivinhar nos porcos/ o cristal de rocha" e descer tão fundo em sua própria solidão a ponto de conquistar aquela paz onde apenas os "peixes cegos" se movem no silêncio dos "leitos de areia e seus lençóis limpíssimos". Não obstante seu humor e sua enganosa leveza, a poesia de Angela Melim está entranhada pelo visgo da vida, dessa vida que, já ao despontar, traz em si mesma o germe da morte e o absurdo cósmico de sua tragédia sisifiana. Como nós, todavia, sabe a autora que, acima de tudo, cumpre-lhe apenas resistir por dias e anos a fio: "Anos afiam./ Aí estamos./ Rigidamente dispostos/ pelo acaso/ resistimos".

1992

Mão de mulher

Armando Freitas Filho

De repente, no verão de 1973, Angela Melim me apareceu com a sua jovem poesia. Aliás, o verão era ela: olhos verdes totais, pele de praia onde o sol e o mar se aperfeiçoavam e "um jeito meio incompreensível, incandescente de se expressar", como anotou Ana Cristina Cesar, anos depois.

Foi nos seus versos que, pela primeira vez, vi que a literatura poderia ter gênero sem cair nos estereótipos disponíveis: nem a mão feminina só habituada a tocar o etéreo, nem o seu contrário, a militante mão feminista empunhando uma bandeira. O que eu encontrava, salteado, naquelas linhas, era mais imprevisível e, por isso mesmo, pioneiro: tinha sido escrito por mão de mulher, simplesmente, sem obrigações com o "bom gosto" ou com a catequese, e por essa razão interessava a todos. Tampouco era a combinação, o meio-termo das duas disposições, mas uma opção mais funda e radical, talvez por ser desprevenida, e que trazia para o seu poema o "versiprosa" da vida irreparável, que dava a sensação de que o vivido permanecia vívido, sem literatices, com a tinta que o registrava ainda fresca.

Seus três primeiros livros, *O vidro o nome* (1974), *Das tripas coração* (1978) e *As mulheres gostam muito* (1979), consolidam a novidade, o rumor de estilo que não privilegia "momentos perfeitos" e que, com certeza, foi captado pelo ouvido fino de sua contemporânea (nasceram no mesmo ano), e depois amiga, Ana C., que só estreou com livro próprio no segundo semestre de 1979.

A influência nítida da dicção descontínua de Angela em sua "irmã gêmea" literária logo se transformou em parceria, bem ao gosto de Ana Cristina que escolheu este método (ou foi escolhida por ele), para definir a sua inimitável maneira de dizer. São inúmeras e persistentes as colagens de fragmentos, as citações sem tirar nem pôr, as alusões indiretas, as paráfrases etc. que aparecem na obra de A. C., calcadas em Angela, desde *Cenas de abril* até, por exemplo, "O céu, quando entra em mim, o vento não faz, voar, esses papéis", em *Inéditos e dispersos*, transcrição ipsis verbis de uma frase pinçada n'*Os caminhos do Conhecer*.

De toda a maneira, as apropriações textuais são menos importantes do que o clima, o tom da voz que estava no ar, intuído e traduzido por Angela, o que veio ambientar e animar a interlocução, escancarada ou em código, das duas poéticas que, se eram coincidentes em largo espectro, guardavam sotaques de origem, marcas autorais importantes.

Grosso modo, segundo minha leitura, se em Angela sua escrita reagia por reflexo, em Ana essa reação se dava via reflexão; na primeira, a subjetividade podia chegar ao corpo coletivo e endereçado, na segunda era a alma "singular e anônima" que se objetivava à flor do texto.

Nesta introdução procurei anunciar a existência dessas pistas, das encruzilhadas e cruzamentos que agora podem ser devidamente apreciados pela crítica com a publicação de *Mais dia menos dia*. É claro que a contextualização de Angela na sua geração poderia ser mais ampla, mas devido aos limites de espaço toleráveis em um prefácio, resolvi sublinhar somente a relação que me parece mais forte e relevante. Talvez esse parentesco, entre as duas poetas, ainda não tenha sido mapeado, em toda sua extensão e consequência, pela falta de acesso aos livros de Angela, de há muito esgotados. Como bem dizia Ana Cristina em artigo para o Folhetim da *Folha de S.Paulo*, de 12 de setembro de 1982, onde abordava a poesia de Angela Melim: "com ou sem esta conversa toda, é preciso lê-la, editá-la, urgente". É o que se faz, agora, em 96. Aqui está ela, 23 anos depois do nosso primeiro encontro, na beirada de um outro verão, de corpo inteiro. Bem-vindos, todos os leitores, ao paraíso.

Publicado originalmente como prefácio a
Mais dia menos dia (Sette Letras, 1996)

Angela Melim e a dramatização do horizonte

Flora Süssekind

Se a reprodução de todas as capas dos seus livros anteriores, reunidos, em 1996, por Angela Melim em *Mais dia menos dia*, funciona como marco divisório, modo de datar e singularizar as diferentes seções do volume, acaba apontando igualmente — se observadas, com atenção, essas ilustrações — para uma das imagens privilegiadas da sua poesia — a do horizonte. Da linha horizontal irregular que atravessa o espaço inferior da capa de *O vidro o nome* (1974), ao corte reto que separa em dois o título *Das tripas coração* (1978), ao corpo feminino que, deitado, parece duplicar o recorte das montanhas, ao fundo, na ilustração de capa de *As mulheres gostam muito* (1979). Do título em letras mínimas, quase imperceptível, disposto horizontalmente em meio a um vazio propositado de qualquer representação em *Vale o escrito* (1981). Do espaço vazio, mais adiante, para o qual parece apontar a figura feminina estampada em *Poemas* (1987) à ilustração de Nelson Augusto para *Mais dia menos dia* (1996), na qual duas linhas e uma pequena mancha escura evocam a relação entre sujeito e paisagem, experiência poética e tematização do horizonte, e especializam, numa linha-limite, a duração e a imagem de um tempo por vir sugerido também no futuro potencial, quase próximo, do título.

"Estou procurando a palavra certa/ para partes superpostas de duas esferas./ Interseção?/ E solidão": a indagação expressa em "Rabo de galo", do livro de 1996, sublinha a preocupação de Angela Melim com os espaços limítrofes, transicionais, os "raros engates", os lugares-entre, a meio caminho, os horizontes. E há, na verdade, uma vasta sucessão de mares e céus na sua poesia. A água que "brilha, tranquila, ao meio-dia", "azuis profundos versus altos mares", "azuis rasgados/ grandes paisagens/ claras", "um e outro coqueiro roxo contra o céu cor-de-rosa", "as linhas de água brilhante e as montanhas azuis um tanto esfumaçadas". Sucessão de horizontes atmosféricos e marinhos que, tendendo ao ilimitado, ao espelhamento dos "estados de alma", e parecendo reproduzir uma versão romântico-pitoresca da paisagem carioca, apontariam, no caso de Angela Melim, noutra direção.

Funcionam, de cara, como forma de recortar — nem que seja, às vezes, como fundo — a presença do mundo ("campo/ verde/ minado", "montanha de cadáver", "ouvido violado, tímpano rompido/ braços cortados, cabeças") como elemento constitutivo da experiência poética. Tensionando-se, assim, via paisagismo, os modelos autorreferentes, a dominância expressiva, característicos à produção poética brasileira dos anos 1970, e contemporâneos aos primeiros livros de Angela Melim. Como sugere em "Minha terra" — texto marcado pela visão em negativo da terra ("raízes no ar"), do tema da "volta à casa" e do enraizamento ("Nada é natal"), trata-se de um paisagismo em contraste direto com o descritivismo de molde romântico-oitocentista que deixaria rastro na literatura brasileira subsequente. Deste modelo descritivo se elimina, em geral, na poesia de Angela Melim, a fixidez do ponto de mira, exercitando-se formas diversas de objetivação e de distanciamento lírico. Como se pode observar em "Assim uma linha verde da janela — um dia": "Assim uma linha verde da janela — um dia/ átimo, repente —/ correndo/ paralela ao que é veloz/ colina/ planície/ estilete fino de metal/ no fundo". O "estilete fino" discreto, quase imperceptível, cumprindo função semelhante à do "campo/ minado" no poema "Fogos juninos". Em ambos registrando-se desdobramentos cruentos de algo que a princípio pode se assemelhar a um simples quadro descritivo-paisagístico. E não é. Pois o campo verde é minado e à colina se justapõe lâmina fina, de metal.

Ensaiam-se, igualmente, desdobramentos contrastantes de voz. Como entre a casualidade do sujeito que presta informações para o viajante em "Roteiro", e o corte sistemático de sua fala por parênteses descritivos, impessoais e minuciosíssimos. Uma duplicidade que atinge também as figurações do espaço. Daí as transformações — de diáfano, gaze, nuvem, a rosa bobo, barato — pelas quais passa a ideia mesma de um céu cor-de-rosa em "No céu cor-de-rosa" ou a definição móvel, em suspenso, de paisagem contida em "A duna vira nuvem, se quiser".

Não é, pois, exatamente enquanto extensão, infinito aberto ao olhar, ou limite fixo, contorno, que a imagem do horizonte parece orientar a escrita poética de Angela Melim. É sobretudo enquanto espaço--entre, zona de deslocamento, "exploração dos pontos cegos, das margens de indeterminação na linguagem e na paisagem" (como assinala Michel Collot em *L'Horizon fabuleux*), que ela tematiza e transporta, para o espaço poético, a noção de horizonte. O que, do ponto de vista da organização gráfico-sintática do poema, explica a quantidade de brancos, intervalos, parênteses, travessões, que são estruturais aos seus textos, ou o seu gosto acentuado pelo verso isolado, solto, atravessando a página, cortando ou fechando alguns dos poemas à maneira de uma divisória, de uma linha interna do horizonte, muitas vezes intensificando um desdobramento ou um conflito de liminaridades.

Como se pode observar na frase longa que, em "O mar não existe", depois de cinco versos curtos, internaliza um mar de ausência e impossibilidade numa espécie de horizonte orgânico em corrosão: "*A acidez é um fogo comendo o tubo escuro que atravessa o corpo*". Como no caso de "Ronca um motor", de *Mais dia, menos dia*, o verso "*É o verão que se abre*", que, separado dos demais por dois espaços em branco, parece sintetizar, via destaque gráfico, as imagens anteriores de barco, mar, calor, e figurar uma extensão paisagístico-temporal "a céu aberto". Fazendo-se acompanhar, no entanto, a linha de um outro horizonte, conflitante, que inverte não só o seu movimento de ampliação, mas a referência temporal a um período que começa, transformando-se essa gênese do verão em imagem de um passado próximo à dissolução: "*Tarde, sorvete, amor, varanda/ em taças do passado/ a derreter*".

A consciência do horizonte na poesia de Angela Melim, em vez de suporte espaçotemporal ou ponto de orientação da perspectiva subjetiva, aponta, portanto, para um movimento de sistemático redimensionamento mútuo do sujeito e da paisagem, de que é exemplar a reflexão sobre a morte contida em "Limão irmão", na verdade o simples registro de uma fruta que cai e rola pela terra, "que agora traga/ a carne aberta/ desesperada/ do limão". E de que é exemplar, igualmente, sua preferência pelo intervalar, pelas linhas que figuram e desfiguram o espaço e a escrita, por uma espécie de dramatização do horizonte, que se vê desdobrado em formas diversas, mas obrigatórias, de conflito e indeterminação.

"E ela gostaria", lê-se em *Os caminhos do Conhecer*, "de pintar as unhas de vermelho. Enquanto escrevesse as palavras no caderno ia prestar atenção nos dedos de pontas brilhantes segurando a esferográfica e sentir prazeres conflitantes." Movimento semelhante ao que, entre um "lá dentro" e um "pé de jasmim", em "Mulheres", entre um "à flor da pele" e um "fosso fundo", em "Faca na água", entre "cristas suspensas/ pedras de sal/ fiapos de mar" e "seu fundo longínquo/ âncora/ os leitos de areia e seus lençóis limpíssimos", em "Um navio", figura "janelas", "lago do peito", "navio", imagens de fronteira, espécies de não lugares. A que se poderiam acrescentar a bainha, o varal, a beira-mar, a fresta, a aresta, o vão, as grades, a beira, de tantos outros poemas seus, nos quais se tensionam e convivem essas direções conflitantes. Ou que, em meio a uma sucessão de marinhas e paisagens à primeira vista pouco habitadas, quase desistoricizadas, ativam um conflito surdo, quase imperceptível, mas impositivo, entre quadro natural e horizonte histórico.

Entre um exercício lírico em torno de sol, flores e perda, como "Corajoso como a beleza", e uma sucessão de imagens bélicas: disparos, bala, dor, estrondos, combate. Entre "os ladrilhos/ o verde baço do cloro/ a piscina" e o "arame" que a resguarda, em "Álbum", o "cheiro/ do jasmim" e um "sangue vivo/ a pena contido", o "céu azul e limpo" e "granadas", "fogo, fumaça", em "Fogos juninos". Ou — quase uma micropoética — a tensão entre o horizonte da cidade e o da escrita, em "Trilha", com a mediação de um terceiro horizonte, bélico, de "cerco, baixas, barranco, armas", que parece redimensioná-los historicamente de forma cruenta.

Publicado em *Coros, contrários, massa* (CEPE, 2022), de Flora Süssekind

Uma poesia gestual

Leonardo Fróes

Angela avisa: "o não completo me suspende". Por isso é que ela plana nos ares, tão assim suave e forte, tão imprevista a cada instante? Seus versos, como "panos ao vento", são retalhos tirados das gavetas do cérebro; cacos que saltam do mistério das coisas, pinceladas faiscantes de objetos nervosos; grafismos, ranhuras, incisões. Não é uma escrita restritivamente organizada o que se tem pela frente. Seria, antes, uma polifonia de ímpetos?

De fato, os poemas incisivos a que seus versos dão forma, se tendem tanto, e com uma tal clareza "fotossintética/ clorofílica/ transparente", àquela incompletude que a extasia, devem então relacionar-se à precisão dos gestos, que se encadeiam por ordem dos impulsos, que expressam a verdade orgânica, o calor da hora (não podendo por isso disfarçar, defender-se ou mentir com fraseados de efeito), e que ademais não param de jorrar e fluir enquanto a vida circula e o sol aquece ou produz "um verão louco". Não há portanto só palavras — "Palavras são brinquedo de crianças/ mimadas" — nesta poesia gestual que ela faz e indefinidamente a recria: há também um projeto de existência, suas *Possibilidades*.

O poema "Pelas ruas do Méier", onde Angela se mostra como costumo vê-la: sempre além dos limites, traz uma ilustração descritiva deste processo de composição em flagrantes, desta estética do ainda estar por fazer que eleva o poeta e sua estranha pessoa à gratuita condição de apanhador permanente de emoções à deriva. Ali, no poema em pauta, o verão é "desordenado", as ruas são "irregulares", as lembranças estão "pela metade" e a "beleza tristealegre" é do "incompleto e misturado". Mas é neste emaranhamento inconcluso, onde "cascateia o trem" e "com vigor vegetal/ a pobreza,/ rápida,/ domina", que o poeta em construção e demolição alternantes, vendo-se em face de "andaimes corroídos/ espetados no ar", cheio de espanto vai feliz porque está de volta ao passado, sente que é "jovem de novo", "outra vez jovem no calor desolado".

"Psicografo poemas", Angela diz. Tendo em vista que ela o faz entre "palavras possíveis", "sílabas sonsas", "parênteses invisíveis e impotentes", e que o faz como se em plena escuridão ontológica dançasse um "baile de letras", com "papéis/ ao léu", compreende-se que seu método de rapidez gestual chegue ao extremo de entoar uma devoração de fonemas, como ocorre no poema "Crto", que ao mesmo tempo é curto e certo mas também poderia, já que acaba em "meu Deus", de alguma forma criptográfica remeter a Cristo. Em tais circunstâncias, o prazer do acabamento fica transferido ao leitor, que desse modo se torna mais que nunca um companheiro da obra.

"Somos inúteis", Angela constata, mas poetas são assim: fazem o que há de melhor: brincam de ser ou de viver, em vez de envelhecer simplesmente, e coroados de incertezas e dúvidas veem "flores que explodem ao contrário". Ela, que ora é filha do Sol, ora um pastor de patos, parece ter atingido, na fase atual desta poesia que sempre foi contida e densa, um momento de especial maturidade e satisfação para dentro, porque singelamente confessa, sem que porém tenha esgotado sua rebeldia de fera: "Estou tomando gosto das coisas". Pouco importa, de resto, o que o poeta a essa altura pretenda. Resolutos, os poemas já lhe passaram à frente. Num "Tempo de suportar/ e sorrir// da solidão", são eles, os poemas, com vida própria e autonomia, como sínteses de aglutinados possíveis, que agora "Querem se dizer" e não calam.

Para Angela Melim, que tem olhos — e que olhos! — para ver tais mistérios: as folhas que tremem como asas, a pausa que uma brisa concede, o "laço que aperta e dói" ou o piscar de uma pálpebra, o possível "brota do ar como um pé de qualquer coisa". Como é isso decerto o que mais nos consola, sou levado a repetir, para acompanhá-la no voo, uma divisa que devo à minha própria juventude que também não termina — a citação de Píndaro utilizada por Albert Camus como epígrafe de *Le Mythe de Sisyphe*, seu ensaio sobre o absurdo: *O mon âme, n'aspire pas à la vie immortelle, mais épuise le champ du possible.*

Publicado originalmente como prefácio a
Possibilidades (Ibis Libris, 2006)

Índice de títulos e primeiros versos

415 usina, 272

À beira, 41
A duna vira nuvem, se quiser, 133
A forma da boca é a alegria, 129
A fresta atesta, 12
A man and a woman sitting at a table talking, 99
A pesar, 23
A rose is so much more than just, 89
Abre a boca, deusa, 97
abre corta risca rabisca ondula desenrola, 20
Açim, 257
Agora, 235
Ah doce sedução, 127
Álbum, 198
Alças, decotes, 262
Amor sem mais objeto, 279
Anéis no espaço, o fim do amor, 220

Antes dentro, 60
As crianças do Planalto, 50
as minhas mãos trabalhadeiras, 300
as noites cheias, 106
As preocupação política com os destino do país, 104
Assim uma linha verde da janela — um dia, 131
Assim: um copo d'água transparente, 260

Bonitos poemas vêm de ti, 255
Brejo do Espinho, 280
brota do ar como um pé de qualquer coisa, couve, 256

Chama o olho, 281
Chorei, 232
Cica, 47
Cica, pensando em João Cabral, 48
Cítara, 30
Clowns, 222
Coisas assim pardas, 37
Com certeza, 201
Corajoso como a beleza, 178
Crente, 189
Crto, 218
Curvo cupim, 22

Da janela [*A lua cheia me chamou*], 240
Da janela [*Cruzes em bico na luz incerta*], 239
Dás cor aos fantasmas, 11
Das duas uma, 180
De relíquia, 53
Demolição, 14
Dez periquitos cri-cri, 295

Do amanhecer escuro, 290
Do tempo de escola, 125
dor de cabeça dor de cabeça dor de cabeça..., 107
Duas borboletas, 254

E vem, 293
Eis mais convés molhados, 28
Engatou a primeira e avançou alguns metros, 147
Escocês, 90
Espanto, 157
Esse santo na cabeceira, 184
Está claro, 134
Este é um tempo de poemas, 263
Estou dentro da terra deitada, 252
EU ADORO, 102
Eu te amo, 183

Faca na água, 207
Final azul, 230
Flores, 219
Fogos juninos, 173

Haikai — balada, 25
Happening, 24
hey hi high star..., 88
Homem, 181

Is, 182

Jogos, 227
Jundu, 21

L. M. se viu dentro do carro..., 137
Lançar a inconsistência, 27
leve-eróticos, só suspendendo a folha do prazer, 128
lh, 96
Limão irmão, 193

Mais dia menos dia, 209
Mania de limpeza, 46
Mar, 275
Mesmo assim arranco dos objetos uns atributos, 282
Metro de maré, 58
Meu pai nos abandonou, 224
Miguel cineasta, 26
Minha terra, 192
Muito me pisaram os calos, 269
Mulheres, 191

Na Argentina encontrei, 288
Na verdade, 273
Não sinto, 221
não sofro muito não até curto R..., 94
negócio é ir fazendo..., 93
Neste mundo de sempre, 270
No céu cor-de-rosa, 202
No peito, 197
Nomes aos bois, 264
Nossa geração, 29

O mar, 132
O mato comeu as luzes uma por uma, 87
O sim, 278
O trigo do joio, 91

Os bons poemas são [*os últimos*], 297
Os bons poemas são [*prosa abrupta*], 296
Ovelha negra, 271

Pandeiro, 234
Pelas ruas do Méier, 236
Pelo menos no que depender de nós (num belo dia de chuva na subida de Santa Teresa), 291
Pendurou o paletó na janela do carro..., 95
Perder, 241
Poema claro, 49
Poema de manhã cedo, 248
Poema romântico I, 13
Poetas são pessoas, 274
Pois é, 65
Ponto nevrálgico, 283
Por mais que cicie, 217
Porto inseguro, 244
Praça XV, 195
Praia Vermelha, 243
Próxima Centauri, 196

Questão, 276

Rabo de galo, 206
Revelação, 130
Revelação celeste veneno mortal, 177
Revisita, 55
Rio by night, 63
Riqueza de recurso, 59
Rock de segunda, 103

Ronca um motor, 204
Roteiro, 38

S/A, 44
Saber, 225
Só eu e a noite, 298
Só faço o que posso, 274
Sobre o suicídio, 115
Sou, 294
Sub-urb, 43

Tá o maior rebu aqui, cara..., 69
Telegrama, 19
Tem um lance de lua, 126
Tem um verão dentro de mim, 261
Toda cantiga tem o mesmo embalo, 194, 229
Tom agudo, 42
Tome de amor, 258
Trilha, 199

Um amor impossível, 185
Um fio, 287
Um navio, 205
Uma casa no ar, 233
Uma usina, 247

Vem sempre igual, 246
Venho do fundo do sono, 238
Venho e vou lua, 101

Words that are my, 92

ESTA OBRA FOI COMPOSTA PELO ACQUA ESTÚDIO EM MERIDIEN
E IMPRESSA EM OFSETE PELA GRÁFICA BARTIRA SOBRE PAPEL PÓLEN NATURAL
DA SUZANO S.A. PARA A EDITORA SCHWARCZ EM AGOSTO DE 2024

A marca FSC® é a garantia de que a madeira utilizada na fabricação do papel deste livro provém de florestas que foram gerenciadas de maneira ambientalmente correta, socialmente justa e economicamente viável, além de outras fontes de origem controlada.